华夏智库·新管理丛书

中国式沟通

龙涛 著

ZHONGGUOSHI GOUTONG

经济管理出版社

ECONOMY & MANAGEMENT PUBLISHING HOUSE

图书在版编目（CIP）数据

中国式沟通/龙涛著. —北京：经济管理出版社，2016.3
ISBN 978-7-5096-4234-4

Ⅰ. ①中… Ⅱ. ①龙… Ⅲ. ①人际关系学—中国—通俗读物 Ⅳ. ①C912.1-49

中国版本图书馆 CIP 数据核字（2016）第 022686 号

组稿编辑：张　艳
责任编辑：张　艳　钱雨荷
责任印制：黄章平
责任校对：车立佳

出版发行：经济管理出版社
　　　　　（北京市海淀区北蜂窝 8 号中雅大厦 A 座 11 层　100038）
网　　　址：www. E-mp. com. cn
电　　　话：(010) 51915602
印　　　刷：三河市延风印装有限公司
经　　　销：新华书店
开　　　本：720mm×1000mm/16
印　　　张：11.5
字　　　数：145 千字
版　　　次：2016 年 4 月第 1 版　2016 年 4 月第 1 次印刷
书　　　号：ISBN 978-7-5096-4234-4
定　　　价：35.00 元

前言

　　中国人有自己的沟通特点和法则，如果不注意这些，直来直去，讲究所谓的效率，或机械地效仿西方人的沟通方式，只能让我们陷入困境。这是因为，一方面，人际关系必须和文化相结合，才能收到实效。西方的人际关系思想、人际关系工具要"服"中国的"水土"，就要结合本民族特点进行本土化的改造，即实现中国化。另一方面，一个民族有一个民族的特点，我们所能做的，就是把握和适应中华民族的这些特点，同时汲取外来文化的有益成分，让沟通更加顺利。

　　中国模式的人际沟通特点是：在沟通中很注重说话的方式和形式，甚至在沟通过程中很多时候不太注重说话的内容，因为说话的内容往往对沟通的结果没有很大的影响，而主观感受会直接影响沟通的效果；情绪管理为先，而不是理智为先；不是直话直说，而是旁敲侧击，看似含含糊糊，明眼人却清清楚楚；喜欢投石问路，而不要打草惊蛇；不直接正面回答问题，因为直接回答一定会对自己不利，自己只回答对自己有利的部分，所以对方常常觉得自己回答了和不回答没有区别；讲究先说先死，不说也死，注重做到说到不死；凡是对方替自己做决定的，自己就很不高兴，凡是自己决定的，一定死撑到底，等等。显而易见，中国人的这些沟通特点体现了对人性的某种程度的满足。

因为在中国，要想有效沟通，就必须按照中国式沟通的法则进行沟通，同时，中国式沟通是一种组合，要形成有利于自己的态势，因此中国式沟通不仅仅是语言的问题。基于此，《中国式沟通》一书给读者提供了出色沟通所需要具备的各种技巧，让读者在轻松阅读的同时掌握良好的沟通技巧。

本书涉及中国模式下人际沟通中的各方面问题，诸如："了解中国人的心理"、"知晓地域风俗文化差异"、"谦谦君子之风"、"糊涂哲学"、"圆融变通之道"、"应有的礼仪"、"职场沟通准则"、"沟通技巧"等，并通过大量实例，细致地讲解了沟通中的心理因素、环境因素、传统文化因素等内外因素对沟通的影响，循序渐进地帮助读者掌握良好沟通所需要具备的途径、策略和技巧，便于读者在实际生活中应用。

想要在社交活动中春风得意吗？想要在人际沟通中如鱼得水吗？想要在职场中无往不利吗？只要认真研习本书提供的沟通方法，一切都能搞定！

目录

第一章 不懂中国式沟通，你的人生就难有突破

究竟是什么阻碍和限制了你的发展

在现今的职场中，我们时常会发现一些有趣的现象。担任相同工作的两名员工，一名员工能力出众，勤勤恳恳，不善言辞，遇到问题喜欢对领导直言不讳，领导虽然会重用他，但是却不会喜欢他；另一名员工能力方面其实不如前者，但是领导却非常重视他，愿意听取他的建议。如果有升职的机会，领导更愿意先考虑后一名员工。究竟是什么阻碍和限制了前一名员工的发展呢？这是因为他不善于运用中国式沟通。

所谓"中国式"沟通，是中国人的沟通艺术，是人们在长期的历史进程中形成的具有传统文化特色的沟通法则。在中国历史上的任何时期，如果不注意这些沟通法则，就很容易陷入人生的困境。下面就让我们从古人的身上获得启迪吧！

汉武帝在位时期，担任丞相职位的官员多达 13 人，而且多数不得善终，

然而公孙弘却是唯一老死在相位上的官员。公孙弘年轻时曾担任狱吏，但因学识不足而时常犯错，最后被免职。后来他苦读诗书，直到 60 岁，才以贤良之名被汉武帝征为博士。与汉武帝谈论政事时，公孙弘总是提出要点，陈明情况，却不坚持己见，只让汉武帝最后决断。廷议前他常与众卿约议，但是到了朝堂上却会改变态度，顺着皇帝的心意说。汉武帝喜欢与他议政，当然也非常赏识他。公孙弘当上丞相后，也学着别人开客馆，招揽贤士。他的俸禄几乎全部用来助养门客了，所以自己非常节俭。在外人看来，公孙弘节俭律己，不奢华，以人为先，是一位人人称道的贤臣。

公孙弘因为懂得如何与汉武帝沟通，因而得到了汉武帝的赏识，既让汉武帝顺了心，又达成了自己的目的。与善于进行有效沟通的公孙弘相比，名门之后李敢将军却因缺乏沟通葬送了自己的前程。

李敢是汉武帝时期的武将，曾以校尉的身份跟随骠骑将军霍去病攻打匈奴，因战功卓著被封为关内侯，是位不可多得的将才。李敢的父亲是威震匈奴的"飞将军"李广。

公元前 118 年，李广随大司马、大将军卫青出征匈奴，卫青因其年事已高，不让他到前线去。李广不服，私调军队进攻，结果因迷路而贻误战机，后来不堪承受罪责，挥刀自刎。李敢知道消息后，认为父亲李广是被卫青害死的，于是到大将军府刺伤卫青。卫青为人仁厚，不愿追究，然而卫青的外甥霍去病得知后，趁狩猎的机会将李敢射杀。

李家才能出众，又有战功在身，未来的仕途也是不可限量的。然而，关于父亲的自刎，他一开始就钻了牛角尖，从来没想过去找当事人卫青沟通，了解事实的真相，又把个人的恩怨与军政大事混为一谈，最后不仅断送了自己的前程，甚至还丢了性命。

无数历史事实证明：我们只有把握和适应中国人的沟通特点，才能让自己的沟通更加顺利，真正做到有效沟通。

所谓有效沟通，就是将自己的想法准确、恰当地表达出来，以便让对方接受。有效沟通可以化解误会，增进感情，赢得未来；而缺乏沟通或沟通不畅，就有可能引起误会甚至造成悲剧。

事实上，现今的职场人已经越来越明白沟通的重要性。沟通可以让下属明白领导的决策，可以让同事了解彼此的意图，可以让领导听到员工的声音；更重要的是，有效的沟通有利于建立友好的人际关系，营造和谐的办公氛围，提升整体的工作效率。

同在一个办公室工作的职员，虽然每个人负责的工作各不相同，但是业务上相互之间总有交叉。于是，彼此之间就产生了沟通交流的必要。除此之外，同事之间"低头不见抬头见"，不仅仅是在工作上有交流，私下交往中的沟通更为重要。

不可否认，善于沟通的人更容易在职场中获得颇多助益，总是能够轻松愉快地完成工作，并且得到领导的赏识、同事的认可、下属的拥护。他们是职场的宠儿，在这个竞争激烈的"战场"中永远都如鱼得水。

其实，人生就是一个不断沟通的过程

人，是群居生物。在这个社会上生活，无论是婚姻、工作还是社交，都需要沟通。人生就是一个不断沟通的过程。

现实中的沟通，并不一定只有通过语言或文字才能实现，事实上，在还没有学会说话的时候，我们就已经开始与周围人进行沟通了。当我们还是一个婴儿时，通过哭声和一些动作与父母沟通，比如饿了会哭，热了会左右摆头；当我们进入一所新的学校，就需要与新同学进行沟通，然后结交朋友，共同建立新的团体；当我们工作了，需要与同事、领导进行沟通，得到同事的认可，领导的赏识，以确保工作的顺利进行；在婚姻中，也要经过不断的沟通来维系感情；甚至一次约会、一顿晚饭，都需要与他人进行沟通才能确定。

现实中的绝大多数问题，都需要通过沟通才能得到解决，在彼此沟通顺利的情况下，事情往往会进行得比较顺利；然而当沟通不畅时，就容易产生误会，把事情搞糟。不可否认，那些善于沟通的人总是比别人容易获得更多的东西，他们喜欢用这种方式得到自己想要的名誉、金钱、爱情、地位以及赏识等。当然，这些东西也是许多人想要的，然而他们却不知道如何做，或者总是做不好。

曾经有这样一篇报道说，有一位丈夫，他的妻子因患绝症离世，在整理妻子的遗物时，他发现了妻子与自己最好的朋友外遇的证据。这位丈夫非常震惊，还没有走出妻子离世的悲痛，又被妻子的背叛打击了。

在那些写给"情夫"的信中，妻子反复述说着自己的寂寞以及丈夫的冷漠。丈夫回忆妻子生前的日子，他竟然想不起上一次与妻子好好说话是什么时候。每天回到家，妻子已经做好了饭。饭桌上，妻子似乎总是在述说着什么，但是自己一次都没有认真地听过，不仅如此，他还觉得这样絮叨的妻子有些吵。饭后他看电视，妻子做些她自己的事情，可是她究竟做了些什么，他却不知道。

这是一个沟通不畅引发的悲剧，然而这也是许多家庭中的现实。丈夫负有赚钱养家的责任，但是有很多丈夫却认为"我只需要拿钱回家就好了"，实际上这是一种误区。社会中的每一个家庭，就好像一台大型机械中的一个微小工作单元，而家庭成员就是这个单元中的一个个零件。单元要运作，零件间必然会产生摩擦，这种摩擦的疼痛，若不予理会，所有的零件都将被消磨殆尽。这个时候，我们需要的就是"润滑剂"，而沟通正是成本最低且最有效的"润滑剂"。

试想，若遇到问题或感到迷茫时，夫妻二人能够坐下来开诚布公地谈一谈，坦诚地面对彼此的问题，说出自己的真实意愿，就会找到另一种解决办法。

家庭中是这样，学校中也是如此。教育的过程就是教师与学生之间的不断沟通。只有通过沟通，教师才能了解学生真正掌握了多少知识，然后根据情况调整教学方针，加以引导和教育；学生也要在与教师的沟通中，才能了解知识的本质，学到新知识，掌握新技能。沟通就是教育的本质，沟通的效果也就是教育的效果。

教育除了要让学生学会新知识，还要引导他们走上正确的人生道路，这里需要的绝不是说教，而是沟通；沟通是双向的，不仅要说出来，还要让对方听进去。例如面对一个有强烈逆反心理的学生，严格地说教显然不合时宜。这个时候，就需要使用委婉温和的方式来进行沟通和引导。

告别学生时代，当我们步入社会，进入职场，沟通就显得更为重要了。无论是职场"菜鸟"，还是业界精英，或是企业管理人员，沟通技巧都是职场生涯的必修课程，沟通是成就职场成功的首要能力。

鬼谷子是中国古代一位有名的沟通高手，他培养出了许多著名的军事家，如孙膑、庞涓、苏秦、张仪等。他教导他的弟子们，凭捭阖之术之道可以成就人生。捭阖即游说之辞的变化方式，捭阖之道以阴阳试之，以此说之，无所不出，无所不入，无所不有，可以说人、说家、说国、说天下。鬼谷子说，只要把沟通练好了，就可以纵横捭阖，合纵连横了。

对于职场中的人来说，沟通技能是必备的，一个不擅长沟通的职员，很可能会失去职场竞争力。也许会因为不善沟通而失去客户，从而导致不能按时按量完成公司的业绩指标；也许会因为不善沟通而与同事或领导产生误会，从而导致在公司内部受到制约甚至排挤；也许会因为不善沟通而不能掌握下属的工作进度，从而导致决策失误，造成公司业绩下滑。

实际上我们无须太多赘言，只要看看几乎所有公司的招聘广告中都将"善于沟通"作为一项重要的职位要求就可以知道，沟通能力是职场人士应具备的首要技能，也是职场人士成功的必要条件。

总而言之，人的一生中的每时每刻，都会遇到沟通问题，人与人的交往离不开沟通，因为人与人之间是有差异的，没有人会拥有相同的思想，这就是沟通存在的必要性。我们注重自己的感受，同时也不能忽视别人的感受，达成让双方或多方都能接受的结果，就是沟通的意义。沟通不仅仅是一个人的口才问题，也不仅仅是职场人士的一种职业技能，而是人类的一种生存方式。

善于沟通才能发现改变人生的良机

中国有一个成语叫"平步青云"，还有一个成语叫"怀才不遇"。前者让人羡慕，后者则令人惋惜。有时候人们会感觉到，那些位居高位之人能力似乎并不非常出众，而那些真正的人才却常常被埋没。两家销售同种商品的企业，商品的款式和质量都相同，但是一家的业绩高，另一家的业绩却很低。许多实例告诉我们，那些业绩最高的销售员通常都具有非凡的沟通能力。事实上，越成功的人就会越重视与他人的沟通。

很多人认为，沟通就是说话，就是与别人聊天，这有什么难的呢？从沟通的形式上来说，这并不能算是错。可是，几乎所有的人都会说话，但是有些人成就了伟业，而有些人却一生籍籍无名，这又是什么原因呢？

让我们来思考一下那些成功人士是如何沟通的。在第一次与人会面时，他们时常会表现得善于言辞，让人记忆深刻；他们总是谈吐优雅、慧黠过人，深受人们喜爱。古人常说："千里马常有，而伯乐不常有。"千里马即是那些能力出众的人，而伯乐就是给予千里马一展俊足机遇的人。千里马能够得到伯乐的赏识，固然需要伯乐拥有一双辨识人才的慧眼，那么难道就不需要千里马创造展示自己才能的机遇吗？

事实上，世界上并不缺乏优秀的人，只是有些人成功的脱颖而出，成为上位者；而有些人则一生怀才不遇，默默终老。这其中的差别，就在于是否能够利用沟通改变人生。

战国时期有个叫毛遂的人，他最初只是平原君府中资养的门客之一。当时的贵族都喜欢设府招揽贤士，但是这些门客中的大部分都是无名之辈，有些人可能一辈子都不会被君侯赏识。

毛遂在平原君府上做门客的时候，正逢秦国出兵围困邯郸，赵国势弱，无力抵抗，赵王只好派遣"战国四君子"之一的平原君赵胜到楚国签订"合纵"盟约请求救兵。平原君决定挑选 20 人与他一同前往楚国。平原君说："我希望这次出使，能用和平的方法签订盟约，但是假如和平的方法没有用，就算用'歃血'的方法，我也一定要签订'合纵'盟约之后再返回。这次的随行人员我不想到外边去找，只要在门客中寻找就可以了。"但是挑来选去，平原君也只找到 19 名文武皆备的人选，剩下最后一个却怎么也选不出来。

正在平原君烦恼时，一个叫毛遂的人走上前来，他对平原君说："我听说先生将要带领 20 名门客前往楚国签订'合纵'盟约，可是现在却缺少一人。我毛遂不才，愿意自荐，以填补那一人的空缺。"

平原君当时并没有立刻同意，而是问毛遂："先生到我们这里至今有多少年了？"

　　毛遂说："整整 3 年了。"

　　平原君说："世界上贤能的人才，就好像藏在囊中的锥子，它锐利的尖端不会被遮掩，而是立即就会显露出来。你在我门下 3 年，可是我没听到周围的人称赞你的声音，这是因为你没有才能啊！所以不能带你去，你还是留下来吧。"

　　毛遂听了并不生气，只是坦然地说："我并不是不尖利，只不过我是今天才请求进到囊中来罢了。如果我早前就进到囊袋里，那么不要说尖利了，我整个锋芒都会显露出来，就像禾穗的尖芒一样。"

　　平原君听了毛遂的话，于是同意他一同前往楚国了，但是另外随行的 19 名门客却不以为然，在背地里嘲笑他。

　　就这样，毛遂用"自荐"的方法顺利与平原君取得了沟通的机会，并用自信甚至有些自负的语言让平原君认识自己，并且同意随行。毛遂通过与平原君的这次沟通从一名籍籍无名的门客成为了出使楚国的使臣，而这次出使恰恰成为了改变毛遂人生的良机。平原君出使楚国一共带了 20 名门客，毛遂知道自己出头的机会并不多，所以他与另外 19 名门客沟通，并说服了他们。

　　通过这次与平原君的沟通，毛遂仅仅只是抓住了改变人生的机会，而真正让他名扬天下的，是他在楚国的表现。

　　平原君与楚国谈判起初并不顺利，这时那 19 名门客一同推荐毛遂上殿谈判。毛遂握剑而上，对平原君说："楚赵'合纵'的利害关系，几句话就可以决定。可是，你们从日出谈到正午却还没有结果，这是为什么呢？"

　　楚王听到这话就问平原君："这是什么人？"

　　平原君说："这是我的舍人。"

　　楚王见这样身份低微的人对自己这么无礼，大怒道："我在同你们的君侯说话，你这小人算干什么的！"

毛遂却不亢不卑地说："大王您这样大声斥责我，不过是依仗楚国人多罢了。可是现在，我站在大王十步之内，并且手握利剑，如果我想要大王的性命，楚国的兵力也无能为力吧！汤曾以七十里之地统一天下，文王曾以百里之地令诸侯臣服，他们依靠的并不是兵力众多，而是凭借他们自身的威势。如今，楚国拥有方圆五千里的国土，上百万手握刀戟的士兵，这都是您成就霸业的资本啊！楚国如此强大，白起率领的几万军队却一举攻下鄢、郢、夷陵三地，这不是侮辱了大王的祖先吗？这遗留百代的仇恨，赵国都感到羞辱，大王却并不感到羞耻。'合纵'一事并不是为了赵国，而是为了楚国啊！"

毛遂的说辞犹如当头棒喝，击破了楚王心中的壁垒，令他改变了态度，立即与赵国签订了"合纵"盟约。

平原君确定了合纵盟约便返回赵国，回国后他对毛遂说："我观察识别人才多说上千，少说几百，自认为不会遗漏天下的贤能之士，现在竟然把毛先生漏下了。毛先生第一次到楚国，就使赵国的地位比九鼎大吕的传国之宝还尊贵。毛先生凭着一张能言善辩的嘴，竟比百万大军的威力还要强大。我再也不敢以观察识别人才了。"于是把毛遂尊为上等宾客。

在赵国危难之时，赵王将"合纵"楚国的重任交给平原君，可见他的才能也是令人信服的，但是他却无法说服楚王签约。而毛遂只用了寥寥数语，就说动了楚王，毛遂的沟通能力无疑更高平原君一筹。毛遂在楚国"一战成名"，凭借的正是他非凡的沟通能力。善于利用自己的沟通能力，抓住时机，步步为营，最终彻底改变自己的人生。

没有解决不了的难题，只有不善于沟通的人

古语有云："善走需得途。"意思就是，不通过一定的途径，人们很难达到一定的目标。沟通也是一样，没有解决不了的难题，只有不善于沟通的人。下面例子可以充分说明这一点。

甲说："我可以在祈祷的时候抽烟吗？"

大师说："不可以。"

乙说："我可以在抽烟的时候祈祷吗？"

大师说："可以。"

仔细看一看，甲乙二人的需要有什么本质的区别吗？没有。可是乙得到了允许，甲却遭到了拒绝。这是为什么？从大师的角度来看，甲的行为是在祈祷的时候分心抽烟，是对神的不尊重，这当然是不被允许的；而乙则是在休息抽烟的时候还不忘祈祷，可见对神的虔诚，因此就被允许了。从沟通的角度来看，在目标相同的情况下，乙的沟通能力无疑更高一筹，他注意到"抽烟"与"祈祷"的主次关系，仅仅只是调换了一下顺序，就达到了自己的目的。可见，善于沟通往往更容易达成目标。

接下来，我们再来看两个沟通失误引发不良结果的例子。

一个是说书店老板口误得罪人的故事：

有一位著名的作家，他每到一个地方就喜欢逛当地的书店。有一次他到某地去旅游，当地的书店老板听到了这个消息，想要讨好他，于是就让店员把书架上其他作者的书通通搬了下来，只留下这位作者的著作。

这一天，作家来到了这家书店，他看到书架上只有自己的书，就不解地问老板："你这么大的一家书店，怎么书架上只有我的书，其他作者的书去哪里了？"老板没想到作家会这么问，只好慌忙应答道："其他的书都卖完了。"作家听了非常不高兴地离开了。

书店老板想要拍马屁却拍到了"马腿"上，他的苦心全都白费了。其实书店老板的本意是想让作家知道自己的书店非常重视他的作品，然而却因为不善于说话而把事情搞砸了。在作家看来，其他的书都卖完了，只有自己的书不畅销，这不是在讽刺自己的作品并不受欢迎吗？书店老板的奉迎之态被作家误解成了嘲讽，他又怎么会不拂袖而去呢？这个例子是典型的情感性沟通障碍引发的误会，双方传达的是情感性信息，但是因为彼此的感想、观念存在较大差异，书店老板不了解作家希望自己的书能够畅销的心情，因此好心办了错事。

另一个是说认知差异闹误会的例子：

一队医护人员前往我国边远山区进行甲状腺肿病的宣传工作，在到达一个小村庄后，他们就开始搭台召开村民大会。会上，医疗队的干部侃侃而谈："甲状腺肿的病因是由缺碘引起的。治疗它的关键在于……"正说着，台下就有村民插话说："缺点不就是错误吗？人人都有错误，有错不要紧，改了就是好同志。这也没什么可大惊小怪的，怎么还跟甲状腺肿病连在一起了呢？这不吓唬人吗！"

村民的话让台上正在演讲的干部无言以对。很显然，医疗干部说的是"缺碘"，而村民说的是"缺点"，音同字不同的两个词意思也是南辕北辙。这让人不禁想起一句笑语："人生，是没有字幕的。"造成这个误会的沟通障碍就是认知差异。

对于边远山区的农民来说，他们从来没听说过"碘"这种东西，更不会知道"缺碘"是什么意思。所以，医疗干部的演讲对于他们来说犹如"天书"。这样建立在自己认知层面上的单方面的沟通显然无法起到预期的效果。

然而，在现实生活中，人们的认知或多或少都存在着差异，没有两个人的思想是完全相同的，这也是沟通存在的意义。在面对与自己认识明显不同的沟通者时，我们应该如何沟通呢？我们来看看毛泽东同志是怎么做的吧：

20 世纪 20 年代，有一次，毛泽东到湖南第一师范大学的礼堂动员那里的学生参加革命。他在演讲中强调，阶级斗争没有妥协，没有中立的余地。为了让思想相对落后的工农子弟听懂，他用一个生动的小故事作比喻，他说：你在一条大河里游泳，老是不靠岸，既爬不上那一边，也爬不上这一边，终究是要被淹死的。

这个既形象又生活化的比喻，一下子将抽象的理论具象化在人们面前，让听众们感同身受地体会到了现实的危机感，其演讲的效果可想而知。后来，一位当时加入革命队伍的同志回忆说："毛泽东同志的这段比喻深深地刻在了我的脑子里，这与我后来参加农民运动有着很大关系。"

试想，如果毛泽东同志在演讲中不断地强调民族的危难，强调革命的迫切性以及革命者先进的思想，这些从没亲身感受危难的学子们又有几个能够理解他们这种先进的意识呢。所以说，只有根据听者的认知情况有针对性地进行沟通，才能收到应有的沟通效果。

沟通就是将彼此不知道、不明白、不理解的感受、想法和期望说出来，让对方知道、明白、理解。要想做一名善于沟通的人，应该做到以下几点：

第一，沟通是解决分歧，但绝不是批评、指责、抱怨和攻击。所以不能出口伤人。

第二，必须尊重对方，同时请求对方尊重你，因为这是沟通的前提。

第三，不能带着不良情绪进行沟通，因为不良情绪容易导致言语过激、口无遮拦，可能造成无法挽回的结果。

第四，如果自己说错了话、做错了事，要敢于直接承认错误，及时地说出"对不起"，以求冰释前嫌。

第五，沟通需要耐心，不要被焦躁的情绪影响，倾诉与聆听都需要彼此付出耐心。要知道有志者事竟成。

第六，沟通需要智慧，面对不同的沟通者，要选择不同的沟通方式，见什么人说什么话，才能达成目标，事半功倍。

对于现在的社会人来说，常常会面临各种接踵而来的棘手问题，让人应接不暇。人们发现，其中大部分问题都是各种沟通障碍引起的，不仅如此，沟通障碍甚至成为彼此之间难以逾越的鸿沟。所以，越来越多的职场人开始醒悟职场沟通的重要性，人们越来越重视职场沟通的技能和效率。事实上只要掌握了沟通的本领，许多问题就都变得容易解决了。

沟通质量决定人生质量

古代有一位国王，有一天晚上他做了一个梦，梦见自己的牙都掉了。于是，他就找了两位解梦的人。国王问他们："为什么我会梦见自己的牙全掉了呢？"

第一个解梦的人就说："皇上，梦的意思是，在你所有的亲属都死去以后，你才能死，一个都不剩。"皇上一听，龙颜大怒，杖打了他一百大棍。

第二个解梦人说："至高无上的皇上，梦的意思是，您将是您所有亲属当中最长寿的一位呀！"皇上听了很高兴，便拿出了一百枚金币，赏给了第二位解梦的人。

同样的事情，同样的内容，为什么一个会挨打，另一个却受到嘉奖呢？就是因为挨打的人说话内容没质量，得赏的人说话有质量而已。

说话质量决定说话结果，"一句话说得人笑，一句话说得人跳"，关键就看你能不能把话说得巧妙。这里所谓的巧妙指的就是能够说出最善解人意或最贴切的话。要达到巧妙的境界，就必须对周围的人事十分敏感，并掌握说话的技巧，随时都能果断地陈述自己的意见，而且重点是不能引起他人的反感。用这种技巧来处理棘手的情况或人际关系，自然会令人感觉"如沐春风"，而不是"言语可憎"。

沟通并没有多么高深玄妙，用通俗的话来讲，沟通实际上就是跟人打交道。然而，跟别人打交道时沟通效果好不好，则表明了你做人做得好不好，所以沟通又是一门做人的学问。每个人都需要沟通，每个人都会沟通，每个人都在沟通，然而却不是每个人都善于沟通。

职场就像一个多彩的舞台，有的人在舞台的正中尽展风采，有的人则站在角落黯然神伤。为什么别人的表演那么精彩，自己却像个提线木偶不能动弹？为什么别人在职场中能够游刃有余，自己却总是捉襟见肘？为什么别人能够平步青云，自己却永远踏步不前？殊不知这一切都是沟通出了问题。

会有这样疑问的朋友，往往并不重视职场中的沟通质量，并且他们一定不擅长与人沟通。事实上，有效的沟通是具有魔力的，当你学会了沟通的技能，你会发现所有事情都变得得心应手，所有同事都变得和蔼可亲，所有下属都变得积极驯服，你的人生立刻变得美好起来。所以，不要小看沟通，你拥有什么样的人生，完全取决于你的沟通质量。

在职场上有这么一种人，他们也许十分健谈，但是却总是尽力回避问题的实质，而只是在问题周围绕来绕去。你很难摸清他们的思路，也永远抓不住他们话题的要点。他们闪烁其词、废话连篇、不着边际，他们洋洋万言却不知所云，与他们说话总是让你身心疲惫，甚至感到气愤和恼火。这样的人永远让人无法忍受，就算他们随时随地都能与人侃侃而谈，但他们的沟通质量却并不高。

无论在职场还是在生活中，我们都是依靠着某种能力或技巧生存。从出生以来，我们就在通过各种方式和途径学习一些技能。一开始我们学习观察、行动、使用工具；后来我们学习与人交流、互动、游戏；再后来我们学习科学、文学等知识。然而，当我们掌握了各种技能之后，却发现有许多人遗失了一种最根本、最重要的技能，那就是沟通能力。

有些人的沟通显得木讷呆板，他们可以表达自己的真实意愿，但没有丝毫技巧的直言讳语往往让彼此感到尴尬，甚至伤害别人；有些人虽然在公众场合滔滔不绝，但是说话却喜欢绕弯子、兜圈子，让人抓不住重点，摸不清真意，这样的人不是让人感到虚伪，就是让人感到厌烦；还有一种人，他们认为自己天生就是"笨嘴拙舌"，所以索性什么也不说，只是静静地坐在一旁，这样的人虽然不至于惹人讨厌，但"不沟通"是比"不善沟通"更消极、更不可取的态度。

实际上，沟通并不是一种高端的技能，相反它还非常"亲民"。只要你在平时注意培养，每个人都能变成沟通高手。有人要问，人人都沟通，为什么有的人成功，有的人失败了呢？其实，因为个体存在差异性，每个人的思想不同，接受的教育不同，文化背景不同，待人处事的习惯和方法不同，所以所处的沟通平台也就不同。这就是为什么人与人之间会存在分歧和矛盾。让我们通过下面这个小故事，来形象地体会一下这样的差别。

某公司的高管去参加自己女儿所在幼儿园举办的小朋友书画比赛，一幅名为《陪妈妈上街》的画引起了他的关注。那幅画上没有高楼大厦，也没有车水马龙，只有数不清的大腿，那是大人们的大腿。他感到疑惑，为什么孩子会画出这样的画呢？后来，幼儿园的老师给出了答案。原来，幼儿园的孩子身高很矮，还没有到大人的腰部，跟着大人逛街，他们也只能看到大人的大腿了。

个子矮小的孩子上街只能看到大人们的大腿，所以在他们的观念里，大腿就是"上街"的景观。同理，对于个人而言，人们总是先看到自己的利益，很少有人优先顾及别人的利益；而对于员工来说，他们先考虑的是自己的工作和前程，又有几个人与总裁一样思考公司的未来呢？这就是由认知不同导致的沟通平台差异。

如果我们将"沟通"这两个字拆开来看，"沟"就是手段，而"通"则是目的。如果我们用"沟"的手段，影响对方，让对方按照我们的意思办事，我们的目的达成了，从而就"通"了；如果我们"沟"了，可是没有"通"，这个沟通就是失败了。与人交流并不是无所顾忌地谈话，而是要有技巧地听和说，关键不是我们说了什么，而是对方听到了什么。所以说，沟通很重要，但沟通的质量更重要。

有效沟通，需要技巧，更需要智慧

现代沟通学中有这样的说法，语言只能传达出80%的真实意愿，而别人理解的只有20%。效率之低令人震惊。德国17世纪前后的著名哲学家莱布尼茨曾对国王和王后说："世界上找不到两片相同的树叶。"王后非常崇拜这位哲学家，所以对他的话深信不疑。国王却不相信，于是国王和哲学家打了个赌，并派仆人到王宫的花园中去寻找。结果真没有找到相同的树叶。

其实，就像世界上没有两片相同的树叶一样，世界上也没有两个完全相同的人。在同一社会制度、同一文化背景、同一地域内活动的群体，虽然会形成大致相同的社会属性，但是受性别、年龄、经历等因素的影响，也会产生不同的独立属性。这些独立的属性差异，在很大程度上影响着沟通对象对信息的接收和理解程度。所以在沟通的过程中，你就不得不考虑这些因素是否会影响你真实信息的有效传达。

沟通从来都是双向的。在这个过程中，你不仅要正确表达，还需要对方有所回应。现代沟通学认为，人们借助听、说、读、写，以及演讲、会见、对话、讨论、信件等方式，将思维准确、恰当地表达出来，以促使对方接受的过程就是有效沟通。

事实上，人们在日常生活中每时每刻都在沟通，有效沟通是一个循环的过程，传达者构想信息、组织信息、发出信息，聆听者接收信息、思考信息、反馈信息，这几个过程往复循环且缺一不可。然而，在实际的沟通过程中，总会有一些情况影响着沟通的效率。

如沟通中说话者语速过快，信息堆积，聆听者来不及思考反馈，往往就会走神儿，沟通效率降低。这个时候，最好的解决办法就是互动，也就是说话者要随时接收聆听者的反馈，从而调整说话的内容，提高沟通的效率。另外，在沟通过程中，沟通的方式也很重要。上级与下级沟通要注意布置任务要清晰，保证让下级明确目标。同级沟通应采取探讨沟通的方式，放下架子，以商量的口吻沟通，切忌采取强迫的语气和手段。

有效沟通是一种能力，更是一门艺术。有效的沟通需要的不仅是技巧，还需要运用智慧。

汉武帝即位初年，招揽天下有学识的人前往长安，以选拔贤才，史称"公车上书"。当时只有22岁的东方朔向汉武帝献上了3000片竹简，获得了在公车署等待传诏的机会。然而公车署中人才济济，东方朔在那里待了一段时间，却一直没有机会见到汉武帝。东方朔知道，不能得到皇帝的认可，纵使身怀治世之才也是枉然，所以他非常着急究竟要怎样才能见到皇帝。

与东方朔一同在公车署待诏的人中有一群侏儒，一天，他告诉侏儒们，皇帝诏他们来是为了要杀他们。侏儒们非常惶恐，大哭着询问东方朔怎样才能免于一死。东方朔就让他们拦住皇帝的御驾，让他们告诉皇帝"东方朔说皇帝要杀侏儒"。汉武帝听到有人造谣毁谤他，果然大怒，立即派人传诏了东方朔。

东方朔知道，以自己的年纪、学识和名气，很难在短时间内见到皇帝。他潜心撰写竹简三千，本想用它换取功名，然而却只是让他留在了长安。他知道才学似乎并不能让他在皇帝面前显名，于是他决定另辟蹊径，以"罪人"的身份面见皇帝。结果证明他成功了。他以"自黑"的沟通方式如愿以偿，引起了汉武帝的注意，获得了面见皇帝的机会。

东方朔应诏面君，汉武帝质问他："汝敢造谣惑众，难道目无王法吗？"

东方朔跪在地上说："臣知有罪，但有一言不得不说。臣生长九尺，侏儒仅只三尺，却都领钱二百四十、粟一囊。这些东西对侏儒来说足够了，而臣却要挨饿，这太不公平了！臣以为，陛下求贤，可用即用，不可用即放令归家，不要都放在长安索米，饥饱难免一死呀！"

汉武帝听了东方朔的话，不但没有治他的罪，反而哈哈大笑，随即给他封了官。从此，东方朔逐渐成为汉武帝最信赖的官员之一。

东方朔与汉武帝的成功沟通不仅具有技巧，而且颇具智慧，具体表现为以下三点：

第一，他找到了与汉武帝沟通的契机。他通过鼓动侏儒的方法，不仅达到了沟通目标，而且还找到了沟通的切入点，成功引出自己的论点。

第二，他找到了将信息有效传达的正确方式。他知道在皇帝的印象中，自己是个可恶的"罪人"，中规中矩地辩驳不会起到丝毫作用，所以他用看似正直、深思起来有些荒谬的说辞推脱罪责，反而引起了皇帝的兴趣。

第三，东方朔的一番言论并不是无端空谈，他巧妙隐晦地谏言恰恰帮汉武帝解决了一个麻烦。公车上书是为了引才聚贤，但是在公车署中待诏的人却并非人人都有真才学，可国家却必须每日供养他们，财政支出不菲。汉武帝有心将无用的人遣返，却又怕这一举动让学者心寒，故而左右为难。东方朔在此时顺应圣意，机智进谏，怎能不讨皇帝欢心呢！

记住，我们需要的是中国式的沟通

现在市面上流行着许多成功学、管理学的书籍，其中不乏一些关于沟通学的书籍。这些书籍中的沟通理论大多来自于西方。相对来讲，西方的沟通学起步比国内早，体系也比国内完善许多，这些引入的理论曾被职场人士津津乐道。然而，经过各个领域的多年实践，人们发现外来的和尚念的"经"似乎也并没有那么管用。实际上，沟通是一种具有地域特性的行为，西方的沟通理论在中国运用起来难免显得有些"水土不服"。于是中国的一些沟通学大师针对中国人的特点研究出了一些具有中国特色的沟通理论，这些沟通理论与西方的沟通理论有很大的不同，被称为"中国式沟通"。

不只是中国人，每个国家的人思考和讲话的方式都有自己的特点，想要了解中国式沟通，就不得不先了解中国人有哪些特点。

中华民族素来被誉为"礼仪之邦"，所以在中国人的交往中，"礼"是必不可少的；同时中国人最重要的特点就是注重人伦。在沟通中，西方人认为双方的身份地位是平等的，彼此之间可以畅所欲言。然而这在中国却行不通。

我们常听到这样的话："这里没有你说话的份儿！"潜台词就是说地位低，不够说话的资格；又或者："你怎么跟大人说话呢？"就是在说辈分低，说话需谦逊。中国人在沟通中非常拘泥于彼此的身份地位，处于下位者一般不敢贸然开口，即便开口也会多有顾忌，谨言慎行。这种人伦式沟通是几千年的历史积淀和文化熏陶形成的一种沟通习惯，它在中国人的身上体现得淋漓尽致。

据说上帝给了人类两只眼睛、两只耳朵，但却只给了人类一张嘴，就是为了让我们多看、多听、少说。然而很多时候，人们却忘了这一点。

中国有句老话："人多嘴杂。"中国人多，又爱说话，但说得多了，是非也就多了，"言多必失"就是从这里来的。大概大家总是处在嘈杂的环境中，所以大多都不喜欢那些"啰嗦"的人，反而对那些说话很少的人更为欣赏。话又说回来，少说话并不等于"沉默是金"。试想你在一个商务谈判中，无论你的对手说什么，你都一直不开口、不反馈，或者反馈很少，这个谈判一定不能成功。所以说还是要说的，但不管说多说少，一定要把事儿说明白。

说到把事儿说明白，又出现了问题。在中国，你说得太直白了，反而不好收场。有句话说："这事儿不能说得太细。"为什么呢？因为中国人好面子。你说得太细了，容易伤到对方的面子。所以在中国有个词让人既爱又恨，那就是"圆滑"。如果有人贴上了"圆滑"这个标签，乍一听，大约是不好的。然而圆滑的人不但不惹人讨厌，反而挺招人喜欢。因为他们说话含蓄，在含糊其辞、模棱两可之间，既能让你听明白，也圆了场面，不伤彼此的面子。

以上就是中国人的沟通特点，综合起来讲就是：第一，中国人注重人伦，身份地位决定了沟通双方的上下关系；第二，中国人话多，尤其是"废话"多，容易让人听不出重点；第三，中国人好面子，说话含蓄、拐弯抹角，话里的真实意思，需要你自己揣测。

下面我们来看一个典型的中国式会议的场景：

某大型国企召开会议，探讨与欧洲某公司的合资项目，员工小张陪同欧洲公司客户参与讨论会，与会的还有另外 10 名国企员工。国企领导在开场发言中全程回顾了改革开放至今中央和地方政府所做的一系列努力，正是因为领导人的努力才使得他们迎来了欧洲公司客户这样的贵宾。整个开场发言说完，足足用了 20 分钟。

会议历时两个小时，其中大部分时间都是国企领导在上面侃侃而谈。会议结束后，欧洲客户问小张："他到底在讲什么？"

小张说："他基本是在讲一些'套话'，他的真实意愿就是希望在正式合作之前，前往欧洲访问并参观贵公司。但是因为第一次会议有许多下属在场，有些话不方便明说，所以这是唯一得当的表达方式。"

如果你是外国人，你一定不能理解这样的说话方式，你很可能会抓着头发惊呼："中国人为什么总是把事情搞得那么复杂！他们的脑子里究竟在想些什么！"

不得不说，中国式沟通常常充斥着不必要的"客气话"和"套话"，这些话与沟通的中心思想也许没有什么必然联系，但是在语境中却是必不可少的。这种"废话"是一种"探测仪"，沟通者用它来探知沟通对象的感受和意图，并试图建立彼此的关系。

中国式沟通是一种模棱两可的艺术，这也是中国式沟通的核心。西方人很难理解"好的，我们先来看看其他的问题"是一句委婉的拒绝；他们也不理解"我不同意，这个我们以后再谈"是在暗示你还有转机的可能。中国人的这种沟通方式是一种根深蒂固的、刻在骨子里的本能，他们从生下来就开始学习用模棱两可的方式与别人沟通。所以，想要在中国的职场上有所成就，就必须要学会中国人的沟通方式。

第二章 中国式沟通应从了解中国人的心理开始

为什么你说的话没有人愿意听

在现实生活中，常常会出现某一方的意见或建议不被另一方接受的情况，以至于最终无法取得一致的讨论结果，给工作进展带来很大影响。我们先来看下面这两个例子：

某公司经理张扬安排员工小王选择合适的设计公司与公司合作，小王按时提交了报告。但是，张扬却并不满意地说："小王，我让你找一家设计公司与我们合作，你却给了我几十家设计公司的资料！"

小王说："我找这些资料是想让您亲自来选。"

张扬说："好吧，这想法也没错，可是你只是把这几十家设计公司的资料堆在一起，根本没有整理。选择指标没有，选择意见也没有，你让我怎么选！"

小王说："对不起，经理！"

张扬说："这不是一句对不起就能解决的问题！小王啊，你进公司也很长时间了，现在还没有掌握工作的方法。你工作的时候要积极点，不要怕麻烦，不会就问。我看你平时也不喜欢跟同事沟通，我布置的工作也不及时汇报，这样怎么能做好工作呢！"

小王说："您经常不在公司，我没机会跟您汇报啊。"

张扬说："这是理由吗！我不在公司你可以发邮件、打电话啊！你平时工作都不动脑子的吗！"

最后，经理张扬和员工小王不欢而散，这次沟通以失败告终。

在另一家公司，营销部的张总监对人力资源部的王总监说："王总，我们部门需要两名渠道经理，我们部门非常重视这个岗位。希望你们人资部能全力协助我们。"

王总说："没问题，张总。您先按流程提交人才需求申请表。"

张总说："流程我知道，我特地跟你说的意思是，我希望你们能帮我们招聘两个素质高的渠道经理。不要像上次那个……"

王总说："最终决定招聘什么样人的是你们部门，我们只是负责推荐，你干嘛把责任推给我？"

张总说："没错，最终裁决的是我们，但是你们推荐的应聘者的素质都不太高，很难达到我们的要求，我们只能从中选择。"

王总说："达不到要求你可以不用。好了，你的意思我明白了，我也尽力配合。"

显然，人力资源部的王总监只是敷衍地应承了营销部的张总监，以后该怎么做还怎么做，和从前一样。在这样的沟通中，张总监显然没有达到目的。

从上面的这两个案例中，我们不免有些疑问，为什么有些人说话没有人愿意听，为什么有些人说话别人就愿意听取呢？事实上，这是中国式沟通的特点决定的。

要想在沟通中达到预期效果，就应该根据中国式沟通的特点，注意以下七个方面的问题：

一是目的问题。沟通的最主要目的就是你能够准确地将你想传达的信息传达出去，让对方明白、理解。然而，因为中国式沟通中夹杂着太多"意外"因素，所以特别容易将最原本的目的忘掉。例如在上面的第一个例子中，经理张扬与小王沟通的目的是什么？其实，他是想告诉小王如何做好选择设计公司的工作。但是最后，我们基本上已经看不到他的目的了。因为他在一再地指责小王的过程中，已经把目的忘掉了。这种情况下，小王难免会兴起"经理只是想批评我"的念头。没有目的的沟通，不能解决问题并且容易引起别人的反感。

二是对象问题。"门当户对"已经不单单指的是婚姻问题了，在中国人的思维中，这种门户观念一直是根深蒂固的。在沟通领域中，只有当沟通双方或多方的地位、身份、实力、资历对等时，才可能进行平等的对话，否则这种门户观念总会让一方处于弱势。就像第一个例子中的小王，他是有错，但在这个事件中，经理真的一点责任都没有吗？但是被指责的却只有小王。

三是地点问题。与外国职场沟通通常选择正式场合不同，中国式沟通的地点比较广泛。人们除了重视沟通的内容外，对沟通的环境也比较关注。很多时候，人们常常用沟通地点的环境来表达对沟通本身的重视程度，因此它已经完全成为了语言之外的潜在信息。这种环境的好坏很大程度上决定了沟通对象对你的接受程度，当然也决定了他愿不愿意听你说话。

四是场合问题。"不合时宜"是一个令难以捉摸的词语，很多时候不是你说的不对，而是你没有选择恰当的时间。"冷场"可以说是对"不合时宜"最为极致的说明。总有那么一些人，他们一出口，别人就很难说话了，这就是因为他们在错误的场合说了错误的话。中国人注重礼仪，所以他们尤其重视沟通场合是否恰当，同样的话，在不同的场合说出来，效果可就完全不一样了。

五是技巧问题。在现实应用中，中国式沟通的技巧是最难学的，因为中国话委婉、含蓄，语义双关，而且有时候不需明确说明，就已经给出了答案。中国式沟通的最高技巧是"不沟自通"，要达到这个境界并非易事。不过，只要掌握一点"见人说人话，见鬼说鬼话"，说话时先攻后受、语义双关，就能初步掌握中国式沟通的技巧了。

六是态度问题。在中国式沟通中，态度比沟通信心更加重要。如果你态度不好，无论你说得有没有道理，都没有人愿意听。正如在前文第二个例子中，营销部总监的目的就是希望得到人力资源部的协助，招聘两名素质高的渠道经理，他的信息传达了，却只得到了"尽量做好"这种敷衍的反馈。实际上这是正常的部门间沟通，招聘就是人力资源部的工作，营销部总监的要求一点也不过分。只是因为他的态度不好，所以引起了人力资源部总监的反感，不愿意听他说，所以最后沟通失败。

七是人际关系问题。中国人之间的沟通，不是人与人之间的沟通，而是关系与关系之间的沟通。你和他没关系，他凭什么听你说？关系是制约沟通有效建立的重要因素。所以中国式沟通的第一步就是从建立良好的人际关系开始的。在良好的人际关系下，即使是不善言辞的人，也能很容易说服对方，让对方听取自己的意见。

综上所述，想要让对方听你说，千万不要将沟通当作闲谈，任何一次沟通都要首先明确目的，不要离题太远，慎重选择谈话对象、地点和场所，注意自己的态度，学会运用技巧，当然，前提是要提前建立良好的人际关系。当做到这些的时候，你就会发现你已经成为一个沟通高手了。

口才好并不等于就能沟通好

有一家著名企业计划招一名销售员，提出的薪酬及待遇很优厚，所以应聘者很多。其中有一名应聘者毕业于重点大学，在校期间曾担任辩论社主席，在面试时，他热情的演讲和积极的态度，得到了公司高管的一致赞誉。最后，这名刚毕业的大学生众望所归地进入了这家著名企业的营销部。

很快3个月的试用期过去了。公司考核业绩的时候，这名被高管们当初一致看好的"名嘴"却只排在了倒数第二的位置。业绩之低，令人难以置信。

这家企业的营销总监曾参加"名嘴"的面试，他看到"名嘴"的业绩后也很震惊，于是将他请到自己的办公室询问情况。仔细询问过后他才知道，原来"名嘴"在学校的时候就非常善于与人辩论，他喜欢说服别人，经常将自己的道理论述分明，然后否定对方的观点。到了工作中，他仍然保持着这样的习惯。每次与客户沟通时，他都极力推荐公司的产品，当客户提出另一家产品的优点时，他也从各方面对其进行驳斥。最后他总能驳倒客户的观点，但是却丢了生意。

有些人天生喜欢辩论，他们的口才很好，却在很多时候不得人心。就像上述中的"名嘴"，从他的经历中，我们可以看出，他其实私下也做了很多功课，否则不会在客户提及其他公司产品的时候，还能说出其优缺点。虽然他的辩论能力令人望尘莫及，却还是不能得到客户认可，这是为什么呢？

中文里一个词叫"会说话"，这不是生理上的说话，而是一种在正确的场合，用正确的方式传达信息的能力。口才好的人，不一定"会说话"，就如前面说的那名大学生，虽然口才很好，但是不懂得退让，不懂得适可而止，最后只会引起别人的反感，谁还愿意跟他做生意呢。

中国有句古话："良药苦口利于病，忠言逆耳利于行。"道理大家都懂，但是现实中人们却并非都喜欢听"逆耳忠言"。

在一座城市里有一个很聪明的人，因为他总是能给人一些有益的忠告，所以方圆数十里的村民都来找他解决困难。

一天，一个公司职员慕名来找这位聪明人，想让他给指点职场迷津。聪明人听完职员的倾诉之后，拿出了一些工具，包括两块木板、几颗螺丝钉、几颗直钉、一把锤子、一把钳子和一把改锥。

聪明人先用锤子往一块木板上钉直钉，可是木板太硬了，他用尽了力气也钉不进去，不仅如此，还把钉子砸弯了。接着，聪明人用钳子夹着钉子，用锤子更用力地砸，钉子倒是被勉强钉进去了，但是木板却坏掉了。最后，他还是失败了。

年轻人不明白聪明人费了半天劲儿，到底在干什么。可是他又不好说什么。这时，只见聪明人又拿起了螺丝钉、改锥和锤子。他把螺丝钉按在第二块木板上，用锤子轻轻敲了敲，然后用改锥几下就把螺丝钉钻进了木板里。木板上一点裂痕都没有，螺丝钉也紧密地"扎"在木板中。

其实，聪明人就是在告诉那个职员"忠言也可以不必逆耳"。人际交往，就好像钉子入木，直钉就是硬碰硬，最终难免两败俱伤，而螺丝钉虽然迂回曲折，却让彼此都舒服惬意。所以说话婉转一点，不伤人也能达到目的。

古时候有父子二人同在街市上卖夜壶。父亲在东头卖，儿子在西头卖。一天，有个客人走到儿子的摊位前说："你这夜壶是不是大了点？"儿子马上笑着说："大了多好啊！大了装的尿多。"客人听了十分不舒服，便拂袖而去了。巧的是，街东头的父亲也碰到了同样的事情。一位老伯伯对父亲说：

"你这夜壶是不是大了点？"父亲也是马上笑着说："大了多好啊！冬天夜长啊。"老伯伯听了，心领神会地笑了笑，便买了个夜壶回家了。旁边有几个顾客听了，也纷纷光顾父亲的摊位。

前文中我们曾提到过"毛遂自荐"的例子。毛遂随平原君出使楚国，平原君的口才就很好，否则赵王也不会将赵国的安危系于他身上。然而，从朝阳初升到日当正午，平原君都没有说服楚王签约。毛遂只用寥寥数语就说动了楚王，无非是因为他比平原君更"会说话"。

再来说一件清朝乾隆年间发生的趣事。乾隆皇帝是出了名的喜欢出游，一次他在江南巡游时偶遇一少年。乾隆见这小孩儿讨喜，就询问他家里的情况。

少年回答："家得山水之胜，所居'蛟柱一人揽'，殊可观。"

乾隆听了便觉得有趣，于是亲自到少年的家中观看。但是只看见了两间草厝，厝中的柱子只有屋椽那么粗，不禁大失所望。

还没等皇帝发怒，少年就跪下来回禀："此厝两间九柱，一人可揽。"原来，在当地的方言中，"九"与"蛟"读音相近，他故意说错，让皇帝误会了。

跟随的侍卫听了都掩口而笑，乾隆也莞尔一笑。乾隆见这少年心志慧黠，就赠予他布粟学资，以资奖励。

与乾隆身边的那些大学士比起来，一个山村少年能有什么口才呢？可是他却能说得皇帝龙颜大悦，不仅免了欺君之罪，还得了上学的钱资。少年在这里采取的方法是"诡辩"，当然，孩子的身份也帮了他不少，那个侍卫的偷笑又给了皇帝足够的台阶。可不是嘛，连侍卫都笑了，身为九五至尊的皇帝又何必为难一个孩子呢。

其实，在中国式沟通中，口才也是必不可少的，否则三国时期的诸葛亮又怎能"舌战群儒"呢？但是中国式沟通中又夹杂了很多其他的因素，这些因素大多来源于中国人逐渐形成的普遍心理，所以中国式沟通不仅仅是语言的沟通，更是心理和情感的沟通。因此，想要成为中国式沟通"达人"，不仅要具备好口才，更要有看得懂对方的心理及情感的洞察力。

唯有互动才是真正的沟通

古时候有个盲人，他每天回家的时候必须经过一条漆黑的小路。由于那条路实在太黑了，所以难免会发生行人间的碰撞事件。但是这个盲人却从来没有被撞倒过，因为在他每天回家时都会点着一盏灯。

一个和尚看到了，不知道他为什么看不见还要点灯，就问他："你真的是盲人吗？"

盲人回答说："我是啊。我一出生就看不见了，我从没见过光是什么样子的。对于我来说，白天和黑夜没有什么不同。"

和尚听了更不理解了，又问道："既然你什么都看不到，连灯笼是什么样子的，灯光是什么样子的都不知道，为什么还要点着灯笼呢？"

盲人说："我听说，普通人到晚上因为没有光看不见，所以我每次出来都会点着灯笼。"

和尚恍然大悟："哦！原来你是为了方便别人呀！"

盲人笑笑说："不，我是为了我自己。"

和尚又被弄糊涂了，问道："怎么会是为了你自己呢？你明明看不到路呀？"

盲人不答反问道："刚才，你有没有被撞倒？"

和尚说："有啊，刚刚我被撞了好几次呢。这条路真的挺黑的。"

盲人笑着说："你是正常人，但是你被撞了。我是盲人，但是我从来没被撞过。因为我的灯笼照亮了周围，虽然我看不见别人，但是别人却看得见我。所以，即使我看不见，他们也不会撞倒我。"

和尚顿时领悟了，他感叹道："我云游四海，就是在一直寻找我佛。可是今天我才知道，我佛就在我的周围啊！"

什么是沟通？沟通就是信息的传递和交换过程。沟通是情绪的转移、是信息的传递、是感觉的互动。沟通的对象是多样性的，过程是互动的，目的是双重性的。真正的沟通是需要互动的，就像盲人点灯给人指路一样，明确地告诉对方，我在这里。沟通也是一样，必须要告诉对方，你听到了什么，你理解了什么。当然，这个反馈是双向的。

某个工厂的流水线由4人组成，每次领导安排下订单之后，都完不成任务。领导问其原因，甲说乙下单晚了，乙说丙延误了时间，丙说丁没有打电话通知他，只是发了邮件。总之每个人都有理由，领导总是无计可施。

这个案例中，领导之所以无计可施，就是因为员工没有及时向他反馈。最后等完不成任务的时候，领导才想起追查原因。实际上，在现在的企业中，尤其在大型企业中，下属员工缺乏反馈的现象是普遍存在的。很多时候，领导布置下任务就不管了，想起来的时候才问一句。要知道上下级不沟通、少沟通、单方面沟通都不利于企业的长期发展。

前文中我们提到过一个"中国式会议"的例子，现在从另一个角度分析一下这种"一言堂"会议的弊端。

其实现在许多公司的会议和"中国式会议"很像。会议前半个小时，都是领导一个人在上面"滔滔不绝"，内容也大体差不多，都是些"套话"，下面的员工在没在听，领导不理会，在听的有没有听进去，领导也不在意，听进去的理解没理解，领导也不关心。"套话"说完了，下面的员工也昏昏欲睡了。等到该说正题了，员工的精力也消耗得差不多了。所以外国人到中国来工作，最无法适应的事情之一，就是中国的会议又多又长。本来一次能解决的会，要分多次开；40分钟能说完的话要延长到两个小时。

其实，"一言堂"会议的产生，同中国的历史文化有着很深的关系。古代的皇帝早朝的时候，有几个敢出声打断呢？大多数的官员，皇帝问什么就回答什么，还得小心谨慎地回答，生怕被皇帝揪出个错处。这种对上位者的敬畏心理一直延续到现在，所以每个中国人心中都存在着等级观念。表现在职场上，就是上下级在心理上的距离感。这种距离感让下级不敢或不愿同上级太过亲近，也就是不愿主动与上级沟通，这就是造成了领导在上面讲话，员工在下面沉默局面原因。要解决这个问题，就要从心理上打破这种等级观念引发的自卑心理，敢于向领导反馈信息。当然，领导也应放下身段，倾听员工的声音。只有双向互动的沟通，才能达成彼此的目标。

"中国式会议"的前奏之所以太长，根源在于中国人含蓄的表达方式。在中国人看来，一上来就直奔主题是非常没有礼貌，并且是欠妥当的表现。两个人见面的时候先要问候对方，"你吃了吗？""今天衣服很漂亮！""你家小孩儿真可爱！"闲聊一会儿之后，才说"说到这个，我倒想起一件事"，好把话题引出来了。"中国式会议"中领导侃侃而谈的那几十分钟虽是"套话"，却不一定全是"废话"。身为员工，应该学会从这些"套话"中体悟领导的真正用意，适时地、自然地给予反馈。领导也应在恰当的时机与台下的员工互动一下，问问他们的意见，有没有哪里听不明白。这样才能让"一言堂"变成"多言堂"，才能促成有效沟通。

话要说到对方的心坎才会有人听

"春秋五霸"之一的齐桓公非常重视人才，从他曾经不避前嫌地重用管仲这一点上就能看出来。齐桓公知道，对于一个国家以及国君来说，人才是最重要的资源和左膀右臂。于是他在宫殿的外面燃起火炬，在城墙上贴出告示，决心向天下广纳贤才。在火炬焰焰的火光中，宫殿内外也被染上霞红。齐桓公这边声势浩大，日夜等待前来晋见的八方英才。可是火炬整整燃了一年，许多人经过这里，但都是彼此议论，凑凑热闹，竟没有一个人进宫求见。齐桓公和大臣们都面面相觑，因为这种情况太匪夷所思了，谁也不知道是什么原因。

这一天，终于来了一个乡下人，在宫殿门前求见齐桓公。

守门的官兵问那个乡下人："你要见国君有何贵干？"

乡下人回答道："我是来应诏的，我能熟练地背诵算术口诀。希望国君接见我。"

守门的官兵立即向齐桓公禀报。齐桓公听了却觉得非常好笑，会背诵算术口诀怎么能算是才能呢？于是他就让门官把那个乡下人赶走。

门官回来后就对乡下人说："我们的国君说，背诵算术口诀这种才能太浅陋了，不能接受国君的召见。你回去吧。"

那个乡下人却没有失望，他不亢不卑地说："我听别人说，宫殿外的火炬烧了整整一年都没有人来求见。我觉得，这大概是因为国君英明神武的贤名已经名扬天下了，各地一定有许多人才敬仰国君的威名，希望能为国君办事，但是又怕自己的才能太过浅陋，不敢到国君面前来献丑，害怕不被国君接纳，所以才不来求见。我虽只有背诵算术口诀这点微不足道的才能，但是今天来求见国君，国君若能够以礼相待，待天下人才知道了国君是真心实意地礼贤下士，招揽人才，那些有真才实学的人又怎么会不来求见呢？泰山之所以高大，是因为它不排斥一石一土；江海之所以深邃，是因为它不拒绝涓涓细流、广纳百川的缘故啊！古代的那些圣明帝王，还会经常去请教农夫樵夫，这样才能集思广益，让自己更加圣明啊！"

门官将这番话传给了齐桓公，齐桓公听了被深深地打动，于是用最隆重的礼节接见了乡下人。很快齐桓公礼贤下士的名声就被传开了，不到一个月的时间，各地贤才开始络绎不绝前往齐国，齐桓公非常高兴。

故事中的乡下人是有才学的。先不说算数口诀在那个年代是否普及，单在沟通这方面，堪称大师级的。按照齐桓公最初挑选人才的标准，乡下人可以说是身无寸长的，但是他却能够说服齐桓公用隆重的礼节接待他，有这种本事的人又有几个呢？为什么他能够说服齐桓公？正是因为他抓住了齐桓公的"脉"，说到了他的心坎里。

齐桓公的愿望是招揽天下贤才，可是一年过去了，却门庭冷落，无人问津。这个时候，乡下人抓住了齐桓公的两个"弱点"，第一是求贤若渴，第二是不知道为什么没人求见。所以他说了那番话，才能正中齐桓公的心坎。实际上真正的原因是否如乡下人所说的呢？应该已经不重要了。

沟通就像治病，需对症下药。有的时候，并非态度诚恳，言语恰当，时机合适就能说服别人。想要别人听自己说，就要想办法说到对方的心坎里。

朱家是秦汉时期有名的侠士，"楚汉之争"结束后，项羽麾下战将季布被扮成奴隶藏匿在朱家的家里。朱家觉得这并非长久之计，就决定前往洛阳求见汝阴侯夏侯婴。夏侯婴非常欣赏朱家，就留他在府中做客。一日，两人饮酒之时，朱家问夏侯婴："季布犯了什么大罪，皇上要花这么大力气抓他？"

夏侯婴说："在与项羽作战时，有好几次，季布曾将皇上逼得走投无路，皇上记恨他，想要报复他，所以才非抓他不可。"

朱家问："那你觉得季布这个人怎么样？"

夏侯婴说："我看是个有真本事的英雄。"

朱家说："当初，季布在项羽的麾下，为他卖命是他的本分，那是各为其主，各司其职。难道为项羽做过事的人都要被杀头吗？皇上如今得了江山，却为了个人的私愤通缉别人，天下人会认为天子没有度量。更何况季布的能耐不小，要是真把他逼急了，他逃到匈奴或者其他地方，因为记恨就将一个良将逼成了敌人。当年伍子胥被逼离国，后来还是回到楚国，鞭打楚平王的尸体吗？这样明显的道理，您怎么没跟皇上好好谈谈呢？"

后来，夏侯婴将朱家说的话找机会说给了刘邦。刘邦听了觉得非常有理，于是就赦免了季布，还封了他郎中的官职。

在这个故事中，伍子胥和楚平王的关系，就如同季布和刘邦的关系。当初楚平王逼走伍子胥，最终国灭身死，还被鞭尸。朱家用了例证法，将历史事件同当时的现实结合起来，戳中刘邦的要害。正所谓"以史为鉴，可以知兴替"，楚平王的结局之惨淡是刘邦不愿意经历的，所以他赦免了季布，为自己、为国家减少了一个潜在敌人。

有一种人最为亲切，那就是"知己"，也就是说谁都愿意有人能理解自己。那么只要把话说到对方的心坎上，还愁说服不了对方吗？

琢磨如何组织语言不如研究对方心理

1965 年，有关方面在上海展览馆的大厅里，为美国作家斯特朗举办庆祝其 80 大寿的活动。周恩来总理当时也参加了庆祝活动。在活动中，周总理上台致辞祝贺，他在致辞中这样说："今天，我们为我们的好朋友，美国女作家安娜·斯特朗女士庆贺 40 公岁诞辰。"

来场的嘉宾都被"40 公岁"这一新鲜的词语逗笑了，斯特朗女士也开心地哈哈大笑起来。接着，周总理又说："40 公岁，这不是老年，而是中年。斯特朗女士为中国人民和世界人民做了大量的工作，写了大量的文章，她的精神还很年轻。我们祝斯特朗女士继续为人民写出大量文章，祝她永远年轻。"

周总理是非常机智的，在那样的场合说什么才能令对方满意？用什么样的语言才能烘托出热闹的气氛？这其实是很难的，而且众口难调，说不好还可能引人诟病。所以与其组织语言，不如想象对方心理。对于一个 80 岁的老人来说，生日说不定并不是她喜欢的日子，所以周总理将年龄减半，并且引申自"公斤"、"公尺"，自创了个"公岁"，然后再转而称赞斯特朗女士。不奉承、不谄媚，却让对方非常满意。

在我国历史上，组织语言的高手不乏其人。战国时期，赵国的赵惠文王得到了楚国的和氏璧。秦昭王听说了这件事，就派人给赵惠文王一封书信，表示愿意用 15 座城交换这块宝玉。赵惠文王同大将军廉颇及大臣们商量：要是把宝玉给了秦国，秦国的城邑恐怕不可能得到，白白地受骗；要是不给呢，就怕秦军马上来攻打。怎么解决没有确定，想找一个能派到秦国去回复的使者，没能找到。这时宦者令缪贤举荐自己的门客蔺相如带着和氏璧出使秦国，赵惠文王应允了。

蔺相如来到秦宫的章台见秦昭王，将和氏璧献给秦昭王观看。秦昭王非常高兴，还把它传给妃嫔、侍卫和大臣们看，左右都高呼万岁。

蔺相如见秦昭王只是看宝，却丝毫不提城池的事情，就知道秦昭王不想献出城池。于是他上前对秦昭王说："璧上有个小红斑，让我指给您看。"

秦昭王把璧交给他，蔺相如手持璧玉迅速后退几步，身体靠在柱子上站定，然后怒发冲冠地对秦昭王道："您派使者到邯郸来，说是情愿用15座城来换赵国的璧。我们赵王诚心诚意派我把璧送来。可是您并没有交换的诚意。如今璧在我手里，您要是逼我的话，我宁可把我的脑袋和这块璧在这柱子上一同撞碎！"

蔺相如说着，就真的把头顶和氏璧往柱子上撞去，眼看就要撞到柱子了。秦昭王害怕他真的把璧撞碎，就叫官吏拿着地图，将送给赵国的城池指给蔺相如看。

蔺相如认为秦昭王不是真的想割让城池，到时候赵国还是得不到，于是就对秦昭王说："赵王送璧到秦国来之前，斋戒了五天，还在朝堂上举行了一个很隆重的仪式。您如果诚意换璧，也应当斋戒五天，然后再举行一个接受璧的仪式，我才敢把璧奉上。"秦昭王无奈，只好答应了。

蔺相如知道秦昭王不会信守承诺，于是，他就让仆人带着和氏璧趁着夜色偷偷地逃回赵国去了。

等秦昭王斋戒完毕，设了"九宾"的礼仪召见蔺相如时，蔺相如说："秦国是大国，一定不会欺骗我们这种小国。所以和氏璧我派人送回赵国了。请您先割让15座城池给赵国，我们必将和氏璧送来秦国。欺骗您是我的罪过，我请求受汤镬之刑，希望您和大臣们仔细商议这件事情。"

秦昭王确实不想割让城池，如今和氏璧已经回到赵国，若不割让城池，恐怕是拿不回来了。蔺相如虽然可恨，但是杀了他就会破坏秦、赵两国的关系，所以只能放了他。

蔺相如之所以能够"完璧归赵"，自己也能全身而退，并非仅仅靠他的口才好，更重要的是，他揣测对了秦昭王的心理。秦国是大国，无论多想用卑鄙的手段白白占有和氏璧，但是身为大国的尊严，是不会允许明目张胆地掠夺，尤其是从外交关系友好的小国。简而言之就是好面子。

实际上，中国人普遍都好面子，这也是与中国人沟通时最容易揣测的心理。无论是第一个例子周总理那种发散思维的幽默，还是"完璧归赵"的故事中，蔺相如反其道而行之的沟通方法，都在用面子做的功夫。只不过周总理维护了斯特朗女士的面子，而蔺相如却逼着秦昭王不得不维护自己的面子。

一说到心理，很多人觉得是很玄乎的东西，其实并非如此。在和别人进行沟通前，就可以开始揣测对方的心理了。对中国人来说，有些来自于文化和历史的特点一般是共通的，比如之前说的面子问题，还有等级观念等。所以只要在沟通时注意这些问题，至少不会惹人讨厌；如果你想利用这些特点来达成目标，也比较有针对性。

除了避免那些忌讳，可以不惹人厌烦，还有一些方法可以为提升别人对自己的好感。首先，没有人不喜欢欣赏自己的人，所以要学会赞美别人。其次，"赠人玫瑰，手有余香"，所以把想要的施予别人，当这样做了就会发现，很容易就能理解别人的心理了。

你必须了解中国人的普遍心理

人是社会的人，人的活动是社会性的活动，只要在社会中生存，就必须要跟人打交道，就必须要沟通，所以沟通也是一个社会性的活动。沟通是人与人交往的必要途径，沟通得好，人际关系就比较和谐，沟通得不好，人际关系也会受到负面影响。

我们在这里说的是中国式沟通，既然是中国式沟通，就必须了解中国人的普遍心理。那么，中国人都有哪些普遍心理呢？主要体现在以下几点：

一是"出头的鸟儿先死，露头的椽子先烂"的心理。中国人觉得，挑头儿的那个人总没什么好处。所以上课的时候，大多数人不举手回答问题；开会的时候，一般人不会主动与演讲人互动；工作的时候，从来不会单独找领导讨论自己工作职责之外的问题。因为人们认为，出头的人在明处，别人在暗处，这会让自己陷入被动。在沟通的时候，这种不爱出头就表现为不愿意先说话，这就是所谓的"先说先死"。

中国人在谈判的时候一般都习惯于让对方先说，职场人士总结发现，每当去谈生意的时候，如果客户先开口进入正题，那么成功的概率就会大幅提高。另外，出于礼让的心理，中国人也喜欢让对方先说，这既表示了自己对对方的尊重，同时也能率先了解对方的意图。

不得不说，"先说先死"里面多少还有一种求同心理，这在非商业沟通中比较常见。当对方说出他的想法时，喜欢在自己的思维中搜寻与之一致的观点，然后加大这种赞同感，当表示同对方有一致的观点时，彼此的好感度就会提升。若在商业沟通中，这种求同心理同样存在，只不过相对比较客观。当发现对方的观点与自己在某方面一致时，也会说出自己赞同的观点。但当发现对方与自己的观点不同时，则会开始查找对方的漏洞，并予以反驳。古语所说的"知己知彼，百战不殆"实际上就是这个意思，为了确保自己的胜利，更希望对方先开口，然后再有针对性地亮出自己的观点。

这里说的"先说先死"，并不是单纯的先开口说话，而是先亮出自己的立场和观点。所以中国式沟通的开场白总是很长，说天气、说新闻，就是不说主题。

还有一个词是"沉默是金"，既然"先说先死"，那么就不要说话了。殊不知先说先死，不说也死。因为你不说，别人也不说，就永远也进不了主题，永远都谈不到问题的实质。双方之间是沟通了，不过说的都是套话、空话，根本不能促进沟通的实质性进展。

所以说中国人的矛盾性就体现在这里，"先说先死"和"不说也死"是矛盾的两端，但也是密不可分的整体。沟通时需要把握二者的度，恰到好处才能"说到不死"。

二是注重礼仪人伦的心理。这种心理的形成，是因为中国的历史悠久，民族文化厚重。比如在职场上，管理者与员工之间具有非常分明的上下级关系，这种从属关系正是中国人伦关系的体现。职场中人非常拘泥于身份地位，若沟通双方身份地位不对等，地位较低的一方就会感到更多的来自对方的压力。举个比较普遍的例子：接待客户的时候，接待公司一般会派与客户身份对等的员工去接待；如果客户很重要，则会派比客户级别高的员工去接待；一般情况下，派比客户身份低的员工接待是很不尊重对方的。

这种人伦关系在沟通中起着很重要的作用。有时候，人们甚至不会去考虑沟通的内容，而只考虑这些话是谁说的。也就是说，一个身份地位很高的人，很少有人会去质疑他说的话；而一个身份地位很低的人，即使他说得再正确，也没有人愿意听。实际上，这是有些荒唐的事情，但是在中国却很普遍。

三是面子心理，这是一种很普遍的模糊哲学。中国人很喜欢"含蓄"、"点到为止"，话不说尽，只说一半，默认对方能听懂。"只能意会，不能言传"就是这个道理。

中国人含蓄的根源在于爱面子，把脸面看得比生命还重。因为中国人爱面子，所以说话时总喜欢选择用含糊其辞、模棱两可的方式说话，含含糊糊，绕来绕去，拐弯抹角，但就是不说明白，因为说得太明白，就容易伤感情。

中国人习惯于这种含蓄的沟通方式，点到为止不明言，听的人也喜欢揣测里面的弦外之音、言外之意。这种说一半，猜一半，但是双方都心知肚明的态度，成功地解决了前面说的"先说先死"的问题。这样的说话方式，既顾全了彼此的面子，也不给别人留下把柄，是中国人最喜欢、最舒服的沟通方式。

说到这里，还有个有趣的现象：当中国人说得含含糊糊、闪闪烁烁的时候，一般就代表了其真实想法；当说得言之凿凿、信誓旦旦的时候，反而并非出于真心了。

听懂言外之意，洞悉真实意图

俗话说："听话听音，锣鼓听声。"意思是说要听明白人家所说的是什么事，阐述的是什么道理，有什么深刻的含义。当然这里的"听音"的"音"，也包括说话人依自己的说话环境和需要，反映出来的逻辑重音。同时，听话听音，不仅需听出话的表面，而且还要听出话中的含义，听出"弦外之音"，听出名堂，悟出道理来。

那么，如何在漫谈传递的信息资料中，听懂言外之意，洞悉真实意图呢？下面提供的方法都很有效，不妨一试。

一是从对方谈论的话题看其内心。人们的情绪常常会在不知不觉中从某话题中呈现出来。话题的种类是形形色色的，如果要明白对方究竟表达的是什么意思，就要观察话题与说话者本身的相关状况，从这些方面着手就能获得更多信息。

比如，与中年女士交谈时，她们的话题大多都是围绕着自己展开。由于是这个年龄段，肯定会对一些护肤品、化妆品、目前最流行的时尚服装等之类的话题感兴趣。所以在与她们交谈时，多多倾听，只有学会了听，才能从对方的话语中找出更多信息，掌握了这些，再与之进行谈话，事情也就好办多了。

再如，在年轻男士的眼中，汽车莫过于是他们最爱谈论的话题。关于汽车的杂志也跟音乐、足球杂志一样畅销。他们的话题几乎都涉及与汽车的品牌、行程距离、速度等有关，虽然他们中的大多数人都暂时买不起车。如果对方热衷于车的话题，无非在表示自己将来有能力购车，或者是自己对这些懂得很多，无非是想展示一下自己。所以，与他们谈话时，要聚精会神地听他们说，尽量不要流露出讨厌或不耐烦的心情，对于他们来说，耐心就足以满足对方的虚荣心。

二是措辞的习惯流露出的"秘密"。人的种种曲折的深层心理都会不知不觉地反映在措辞上，即使同自己想表现出的自我形象不一样，但是通过洞悉措辞常常就能够大体上看出一个人的真实形象。正是通过语言特征，就能体现出人的性格特点。

比如，使用第一人称单数的人，一般有着非常强的独立性与自主性，常用复数的人大多属于缺乏个性，埋没于集体中，随声附和型的人。

再如，谈话中使用难懂的词和外语的人都会感到困惑，其实说这些话的人多是将词语作为掩饰自己内心弱点的盾牌。这种情形常常不过是反证了对自己的智能的自卑意识，将词语作为盾牌，以掩盖自己心底的自卑感。

三是从说话方式体现真实想法。一般说来，一个人的感情或意见，都在说话方式里表现得清清楚楚，只要仔细揣摩，就算是弦外之音也能从话中逐渐透露出来。

比如，说话速度能够看出对方的深层心理。倘若对于某人心怀不满，或者持有敌意态度时，许多人的说话速度都变得迟缓，倘若有愧于他人或者说谎话时，说话的速度自然就会快起来。

再如，从说话语调中看破对方心理。对于那种心怀企图的人，他说话时就一定会有意地抑扬顿挫，制造一种与众不同的感觉，有一种吸引别人注意力的欲望，此时自我显示就会逐渐地表现出来。

又如，从听话方式看破对方心理。倘若一个人在倾听时很认真，大致会正襟危坐，视线也一直会望着对方。反之，倾听者的视线必然会散乱，身体也可能在倾斜或乱动，这就表现出倾听者此时的烦躁情绪。有些人在倾听对方的每一句话时都很仔细，等到讲述者快说完时，也会透露出自己的心声。由此看来，这位倾听者完全依靠坚强的耐心，再配合一股好奇心，才能最终突破讲话者的秘密。倘若想知道某些消息，就会从一个平常的话题切入，然后认真倾听、提问、倾听……循环渐进达到自己的目的，对方在高兴之余，也忘了提防，相反还会认为倾听者善解人意。

总之，如果能熟悉并掌握"听懂言外之意"的道理，体察对方内心的真实想法，然后调整好自己的心境，随机应变，那么沟通就容易顺畅地进行下去，后续的交往也会减少许多麻烦。

用"同理心"创造和谐的沟通氛围

在现在的沟通理论中，很多人开始关注"同理心"的问题。那么，什么是同理心呢？

同理心本身是心理学上的概念，是一种人与人交流的心理技术。意思就是凡事都要站在别人的角度和位置上，客观地理解当事人的内心感受及内心世界，且把这种理解传达给当事人的一种沟通交流方法。

同理心的目的是，沟通的一方采取"先处理心情，后处理事件"的方式，以最快的方式与对方达成共识，并最终解决问题，

英国有句谚语："要想知道别人的鞋合不合脚，穿上别人的鞋走一英里。"简单来说，同理心其实就是站在别人的角度想问题。

同理心实现了真正的"人性化"，沟通者将沟通对象当作一个平等的个体，通过换位思考的方式，把自己当作当事人，用对方的思维方式思考问题、感受情绪、处理事情，从根本上做到了尊重对方。同理心的出发点是对方的想法，所以更能理解对方的内心世界和真实感受，也更容易激发沟通双方的共鸣，得到对方的认可。

要知道，沟通对象具有复杂的情感因素，所以凡事不要从自己的角度着想，如果自己带有情绪，就要先处理好自己的情绪，然后再开始与对方沟通，尽量带领对方进入一个良好氛围。同理心的目的就是先处理好自己的情绪，再处理事件，所以自己的情绪很重要。记住，要把对方的想法当成自己的想法，把对方关心的问题当作自己关心的问题，以对方希望的速度和方法处理

事情，尽量让对方感到舒适和满意。

看到这里，可能有人要说，这样不是完全丧失自己的立场了吗？同理心看上去好像是在不断地、毫无原则地迁就对方、迎合对方，实则不然。同理心的本质是态度热情，立场坚定。就是"情"我们迁就，"事"我们坚持。事实上这个度并不好把握，这需要沟通双方必须保持良性的互动，有交流、有反馈，这样才能明白对方的立场和感受。当沟通双方的意见一致时，这种和谐的气氛很容易保持，但是当沟通双方的意见有分歧的时候，也不要影响我们的热情，对事不对人，意见的分歧不能影响我们对对方表达尊重。

同理心看上去和换位思考很像，实际上两者是有区别的。换位思考是将对方表达的观念、对方的立场进行确认，而同理心是将我们接收到的情感再反馈回去。因此，换位思考是一种单方面的行为，而同理心却是双方在彼此之间形成的良性互动。

运用同理心处理问题大体分为三个步骤：处理自己的心情；识别对方的情感；反馈我们的情感。事实上，同理心的沟通方式已经被运用在各个领域，因为它很容易创建一个和谐的沟通环境。

有一家生产企业拥有一支很强的销售队伍，队伍中的销售员小张一直业绩很好，但是最近有点消沉。有一天，下班后他想找个人聊聊，假设这个人是你，你会以什么样的心态来面对呢？这里面就涉及运用同理心的问题。

如果小张说："我用了整整一周的时间做这个客户的项目，但客户的销售量还是不高。"你要如何回应他？这时候，就需要用同理心的方法了。

如果小张这样说："我用了整整一周的时间，做这个客户的项目，也不知道为什么，客户的销售量还不高。"当你用同理心的方法感受他的情绪时，会发现小张很无奈，因为他不知道怎么做这个项目，没办法了才来找你倾诉。

如果小张这样说："看来是麻烦了，我用了整整一周的时间，做这个客户的项目，客户的销售量还是不高。"这次就会发现，小张可能已经打算放弃这个客户的项目了。

如果小张这样说："说来也奇怪，我用了一周的时间做这个客户的项目，销售量还是不高。"这说明他期待你给他一点建议，他是想跟商量要怎么做这个客户的项目。

由此可见，同样的信息，表达的语气不同，体会到的感受也就不同，相应地，应该给出的反馈也会有所不同。

同理心在学校的师生沟通中也被广泛运用。俗话说"亲其师，信其道"，良好的师生关系，对教学质量起着关键作用。同理心是建立良好人际关系最重要的一个条件，它被正确地运用到教育中，可以有效实现师生间的沟通，反之则效果不佳。

某班主任与本班同学约定，每个迟到的同学都必须要给班级买一盆花，既美化了班内环境，也是作为一种惩罚。一次，一个同学迟到了，他花 5 元买了一盆仙人球。老师见了很生气，就大声斥责学生说："就你这德性，我就知道你早晚要迟到，肯定不会舍得买盆像样的花！"这个学生听了非常不服气，就和老师吵了起来。最后，学生被老师赶了出去。

这就是老师缺乏同理心造成的。在缺乏同理心的情况下，老师就容易根据自己的主观臆断处理问题，因为已经提前判定为否，所以之后也不会轻易改变，这样处理的结果就难免伤害到学生。

前面说到，同理心是尊重对方，是站在对方的角度思考问题。但是同理心也并不是放之四海皆准的，它只是沟通的技巧之一，却不可能解决所有问题。所以运用同理心的方法进行沟通，必须结合其他的沟通方法，这样才能收到理想的效果。

第三章　中国式沟通需要知晓地域文化风俗差异

一方水土养一方人，南北方人各不同

中国的事往往起于南方，成于北方。正所谓"一方水土养一方人"，南方和北方的人在思维和语言习惯上有很多不同。比如京剧最初起源于安徽，它糅合了昆曲、汉剧及江西弋阳腔，经过许多年的演变，才最终形成了现在的京剧。如今人们听到京剧就一定以为是北剧，然而却鲜少有人知道这闻名世界的剧种全都是由南剧而来。

例如，京剧中有一个经典曲目是《武松打店》，说的是武松杀了潘金莲和西门庆后被发配孟州，途经十字坡，投住到孙二娘开的黑店中，多方打斗的故事。其中有个情景，武松问孙二娘："这馒头是什么'乳低'？"武松是问这馒头是什么肉的。孙二娘答道："牛肉的。"仅就这一句台词就可以看出，南北方人虽然说话不同，但武松和孙二娘都明白对方的意思，都能从京剧这一戏曲形式中实现顺畅表达。

京剧中有两套"话语系统"，剧中的老生、武生、花脸、老旦讲的都是中原官话，这是一种近似于南方地区的北方方言，这种腔调显得正、稳、威、朴，比如武松将"什么肉的"念做"什么'乳低'"；而京剧中的丑角和某些花旦讲的却是北京土话，这种强调显得娇、俏、谑、俗。戏剧中的武松和孙二娘之间虽然存在语言差异，但还能借助京剧继续演下去。然而若放到现实中，他们的沟通也许就不会这么顺畅了。

中国幅员辽阔，人口众多，南北方人在各个方面都存在着很大的不同，这种差异性是中国式沟通最主要的障碍。想要克服这种障碍，你就不得不先了解南北方人的不同点。

北方人的思想比较单一，有一种纯真的"傻气"、质朴、直率，喜欢直来直去，不爱拐弯抹角。北方人普遍身材高大，艰苦的生活条件造就了他们粗犷彪悍、暴躁易怒、喜好争斗的性格。但是思想上却是保守的，他们习惯于简单直接的思维模式。

相比之下，南方的自然条件要优于北方，良好的生活条件让他们生活富足，在满足生活所需的情况下，他们还有大量的剩余精力，于是他们开始将精力用于冥想。他们思考自身、思考自然，开发艺术、文学领域，研究人际关系、社会关系等，于是南方人开始逐渐形成曲折复杂的思维方式。他们做事委婉、圆滑世故，他们在交往中不仅会考虑自身的情况，也会顾及对方的想法。南方人的思维敏捷，个性开放，感官敏锐。但是他们习惯安逸、勤于修养，所以身体较北方人柔弱，性格也比北方人温和。

对于性格的地域性差异，我国古人有很多论述。孔子曰："仁者乐山，智者乐水。"也就是水生智者，山生仁者。群体性格的形成，与气候、食物、土壤和地形有着密不可分的关系。明代思想家、语言学家顾炎武也说南北方人的缺点就是北人"饱食终日，无所用心"，南人"群居终日，言不及义"。中国现代文学的奠基人鲁迅先生曾经写过一篇叫《北人与南人》的文章，他说，北人厚重，但厚重之弊就是愚；南人机灵，但机灵之弊就是狡。

南北方人在饮食上的差异很大。主食，北方人爱吃面，南方人爱吃米。在吃肉方式中，豪爽的北方人喜欢大块吃肉，而南方人则喜欢把肉细细地切，烂烂地煨，嫩嫩地炒。在饮酒习惯上，北方人喜欢用碗，而且要用大碗，即使是冬天也要喝冰镇啤酒，南方人则用杯盏，并且喜好烫酒，温温和和，就好像南方人的性格。在饮食偏好上，北方人喜欢吃肉，南方人则喜欢吃青菜；北方人喜欢吃饺子，南方人喜欢吃混沌；北方人喜欢吃蒜，南方人喜欢吃葱；北方人喜欢吃咸菜，南方人喜欢吃泡菜；北方人吃辣喜欢干辣、酸辣，南方人吃辣喜欢咸辣、麻辣、油辣、甜辣。北方人说"吃"就是"痴"的读者，南方人则把"吃"说成"七"、"恰"、"食"、"噎"、"夹"、"塞"的读者；喝茶，北方人喝茶好牛饮，喜欢浓香的花茶，对龙井、碧螺春这样的精品却不屑一顾，因为嫌太淡；南方人管喝茶叫"吃茶"，喜欢细细地品尝各种各样的茶，叫"品茗"。

在艺术方面，南方人与北方人也是不同的。粗犷纯朴的北方人喜欢和他们一样粗犷纯朴的艺术，那种喧嚣热闹的锣鼓戏剧是他们的挚爱，比如秦腔、梆子、秧歌等；温婉的南方人则喜欢柔美的艺术，如民间小调、黄梅戏、花鼓戏等。在人们的印象里，北方人比南方人更具男子气概，这在很大程度上是唱出来的。我们看京剧中多是男人扮女人，而粤剧中则是女人扮男人。京韵大鼓，女子也能唱出英雄豪气，而南方的男子唱戏，也是咿咿呀呀婉转凄恻。中国的南北差异极大地丰富了中国曲艺的种类，南腔北调各不同，但都是中国几千年文化传承的结果。

在习俗上，北方人的祖先多是游牧民族，他们依靠狩猎和放牧为生。艰苦的自然环境造就了他们齐心合力团结一致的生存方式，因此北方人更具合作精神。在团体活动中，他们会自发产生首领，人们听从首领的安排，齐心协力地工作。南方人的祖先多为刀耕火种，这种分散性的劳动方式养成了南方人独立的性格。他们做事细致，更具条理性。南方人不似北方人那样热衷政治，但是这又造就了他们灵秀的艺术和文学气质，在清朝 267 年间，仅苏州吴县就出了 15 位状元。

最后我们要说一说南北的方言。要说到南北差异，人们最先想到的大概就是方言了。南方的方言被称为"吴侬软语"，因为南方人说话总是和声细语，给人软软的感觉。相比之下，北方人说话就该叫"豪言壮语"，北方人说话敞亮，字正腔圆，显得厚重。

在中国式沟通中，不得不重视南北方人的差异，与南方人沟通和跟北方人沟通，需要分别采取不同的说话方式。

入乡随俗永远没有错

中国国土广袤，民族众多，方言俚语极为丰富。同一句话，同一件事，放在不同的地域、不同的场合，意义就有可能完全不同。也许在一个地方是侮辱的话，但在另一个地方就是尊敬的意思。其实在很多情况下，沟通的成败就在于是否做到了"入乡随俗"。

很久以前有一对兄弟，他们购置了许多货物，准备外出到别的国家做生意。有一天他们终于到了一个叫裸人国的国家，这里全国上下，无论男女，全都不穿衣服。

弟弟看了非常发愁，就对哥哥说："这里的风俗跟我们那里完全不同，我们的生意恐怕不好做啊！不是有句话叫'入乡随俗'吗？我们谨慎行事，按照这个国家的风俗办事，应该不会有什么错的。"

哥哥听了却不以为然，他生气地对弟弟说："我们来自礼仪之邦，无论走到哪里，礼义廉耻都不能忘。你难道要我们赤身裸体跟他们做生意吗？这也太伤风败俗了！"

弟弟又劝道："我们身正不怕影子斜，虽然我们的外形服饰改变了，但是我们的行为却是光明正大的，也不违反我们国家的道德规范啊。"

哥哥说："要不这样，你先去打听一下，然后再派人告诉我。"

于是弟弟就进入了裸人国。十几天后，弟弟派人来告诉哥哥，如果要在这里做生意，就必须按照裸人国的习俗，不能穿衣服。

哥哥听了大怒道："这跟畜生又有什么区别呢！简直是寡廉鲜耻！赤身裸体不是君子所为，我绝对不会这样做的！"

裸人国中，每逢初一、十五的晚上，男人女人都会在头上擦上麻油，在身上画上图案，佩戴各种饰品，敲打着石头，手拉手地唱歌跳舞。弟弟也学着他们的样子做了。后来，裸人国上至国王，下至百姓，都非常喜欢弟弟。弟弟的货物不仅很快就全部卖出去了，而且还赚了很多钱。

哥哥则穿着衣服，坐在车子上做生意。他满口仁义道德，批评裸人国的人道德败坏，终于引起国王和百姓的愤怒，国王派人把他抓了起来，狠狠地打了一顿。他的货物也被百姓们哄抢一空。弟弟知道了，赶紧向国王求情，哥哥这才捡回了一条命。

哥哥被放了出来，兄弟二人就离开了裸人国。国王和百姓都出来欢送弟弟，但是却不停地谩骂哥哥。

哥哥和弟弟，选择入乡随俗的人显然获得了更大的利益。

在这个故事中，哥哥觉得有违人伦的事情，却是裸人国的风俗。《礼记》

中说："入境而问禁，入国而问俗，入门而问讳。"意思是说，到了外境就问有什么禁令，入了他国就问此地的风俗，进门就问有什么忌讳。这就是说，进入一个陌生的地区，要做到"入乡随俗"，首先去打听有关的民俗和禁忌，以免遇到麻烦。

既然说到了"入乡随俗"，那我们就应该了解一些中国人的风俗习惯。中国式沟通中有些比较格式化的语言，比如甲问乙"请问您贵姓"，乙答"免贵，敝姓赵"，甲问"贵庚几何"，乙答"虚度四十"，等等。

中国人说话总是谦逊的，这种谦逊表现了一种自我观念上的贬值心理。他们用抬高对方，贬低自己来表现对对方的尊重。他们称呼对方时总会用"贵"、"尊"、"高"、"大"、"厚"等字，而称呼自己时则用"敝"、"贱"、"鄙"、"寒"、"薄"等。如称呼对方的妻子为"尊夫人"，称呼自己的妻子为"贱内"、"拙荆"；称呼对方的儿女为"令郎"、"令媛"，称呼自己的儿女为"犬子"、"小女"；称呼对方的寓所为"贵府"，称呼自己的寓所为"寒舍"；送别人的礼物无论多重都叫"薄礼"，收到别人的礼物，无论多轻都叫"厚礼"。

中国人习惯用这种谦谨的方式对待别人，同样他们也喜欢别人这样对待自己。如果他觉得没有得到尊重，那么接下来很可能就没办法沟通了。曾经有一位英国人就遇到过这样的尴尬。

一天早晨，一个英国人在公园里遇到了一位中国老人，他留着长长的白胡子，看起来精神矍铄，于是他走上前去客气地用中文跟他打招呼说："爷爷，你几岁啦？"

老人诧异地看了他一眼，然后气呼呼地转过身，跟旁边的人说："你看，他问我几岁啦！几岁啦！"

这个英国人看到老人生气了，也很惊讶，因为他根本不知道为什么会发生这样的事情。

在中国，"几岁"一般是问小孩子年龄的时候才用的。因为中文的"几"指的是"10"以内的数字，用"几岁"来问一个白发苍苍的老人显然是没有礼貌的。

不要以为只有外国人才会因为风俗差异闹笑话，所谓"一山不同天，十里不同俗"，各地风俗各有不同，想要用好中国式沟通，就不得不"入乡随俗"。

1935 年，红军长征进入四川果基、倮伍、罗洪等地，当时这些地方被彝族家支控制。反动派在当地造谣，欺骗彝族同胞与我军交恶，再加上历史造成的民族隔阂，令彝族同胞对红军产生了误会，红军受到了封锁和袭击。当时的指挥员刘伯承派人向彝族部落宣传我军的政策，表达我军的善意，果基家的首领小叶丹终于向我军表示了友好。但是他说要结盟就要按照彝族的规矩，和刘伯承歃血为盟。刘伯承入乡随俗，欣然同意了小叶丹的要求，两人歃血为盟，同饮血酒，刘伯承还授予了小叶丹"中国夷民红军沽鸡支队"的旗帜。后来，红军在小叶丹队伍的护送下，顺利通过了彝区。

跟有着地域差异的人沟通，入乡随俗是拉近彼此心理距离的最有效也是最快的方法，这可以让对方产生认同感，在这种感情的影响下，沟通也会变得容易得多。

不懂对方风俗禁忌，小心语言得罪人

有一部电影叫《猫狗大战》，善于观察生活的人不难发现，现实中的猫和狗跟电影中一样，好像是天生的仇家，见了面必会掐。它们为什么不能好好相处呢？其实，是它们的沟通出了点问题。

狗见了猫，摇尾摆臀走上前去，猫立即炸起浑身的毛一跃而起，瞬间抓得狗满脸花。猫见了狗发出"呼噜呼噜"的声音欺身上前，狗张开大嘴就是一口，猫只好逃之夭夭。实际上，狗族摇尾摆臀是示好的表示，而在猫族看来却是挑衅的意思；猫族表示喜欢会发出"呼噜呼噜"的声音，可狗族听到这种声音则会认为是想打一架。结果猫狗都是好意，却因为误会变成了仇人。

小张有个朋友，从祖辈开始就靠打鱼为生。一天，他到这位朋友家做客，主人非常热情地招待他。晚上，朋友家准备了丰盛的海鲜宴席，席间热闹非凡。吃到一半，他请主人帮他把吃完一边的鱼翻过来时，主人显得有点不高兴了。后来，他问了自己的朋友，才知道自己犯了渔家大忌。原来，渔民整天出海工作，非常忌讳"翻"这个字。因为"翻"就是"翻船"，不吉利。所以，到渔民朋友家做客的时候，一定不要说"翻"字，吃鱼的时候即使翻过来吃另一边，也不要说"翻"。

所谓"一山不同天，十里不同俗。"不同的国家，不同的民族，在各自的历史发展中形成了自己独特的风俗禁忌，比如黑色在欧美很多国家都是禁忌，他们认为这是葬礼的颜色；日本人认为绿色不详，所以颇为忌讳；比利时人认为蓝色不详，同时他们也忌讳黄色。如果你不知道这些禁忌，穿着黑色的衣服去美国朋友家里做客，用绿色的包袱皮包裹送给日本顾客的礼物，送蓝色的围巾给比利时姑娘，一定会遭到白眼或冷遇，而且有时候还不知道这是为什么。

我国浙江杭嘉湖平原是桑蚕的重要产区，人们在养蚕期间，别人是不能进入蚕室的，即使是邻居，也只能站在屋外交谈。蚕户家门口会贴上写着"蚕月免进"的红纸。如果有人冒昧登门，主妇就会向登门者泼一盆冷水。如果确有急事拜访，客人必须手持一把桑叶，连说"蚕花廿四分"，然后才能在门口谈话。蚕上簇以后，门上要插一根棒，棒稍系一蚕蔟，并绑上红色棉兜，告诉别人这里禁止喧闹，外人免进。养蚕的过程中还有多达20多条更为具体的禁忌，如温度不能爆冷爆热，蚕室不能有烟味和各种臭味，不能喂湿叶、热叶等。此外，还有一些禁忌的语言，如亮蚕和僵蚕都是蚕病，所以"亮"和"僵"都是禁语，"天亮了"要说"天开眼"，生姜要说"辣烘"，酱油要说"颜色"。

其实，当你不知道对方的禁忌时，难免就会在说话时得罪人。实际上每个民族，在语言、风俗和习惯上都或多或少有些禁忌。除了风俗禁忌，每个人也都有一些自己的忌讳，在沟通的时候，也要小心避开，不要"踩雷"。

朱元璋是明朝的开国皇帝，他出身贫苦，小时候做过许多见不得光的事。当他做了皇帝，就有很多当年的亲朋好友前来投靠。其中就有一个和朱元璋从小一起长大的朋友。这个朋友从凤阳老家千里迢迢赶到南京，几经周折才进宫见到了朱元璋。一见面，他就当着满朝文武的面大声嚷嚷起来："朱老四啊，你当了皇帝可真威风啊！还记得我吗？我们当初可是光着屁股长大的，从前你干了坏事儿就跑，都是我替你挨打。你还记不记得咱俩一块儿偷豆子的事儿？你急着要吃，豆子还没煮熟你就要抢，结果瓦罐摔了，豆子撒了。你吃得太急，还让豆子给卡住了。当初还是我帮你把豆子弄出来的，你还记得吗？"这个人在殿下一直数落着朱元璋小时候的丑事，结果朱元璋坐不住了，心想这人也太不识趣了，当着大臣们的面揭他的短，最后他就把这个人杀了。

朱元璋的朋友之所以被杀，就是因为他触犯了皇帝的禁忌。谁都不愿暴露自己的丑事，况且是皇帝，可这个朋友就是忽略了这一点，才落得身首异处的下场。

听锣听声，听话听音，说话不严谨，也是容易得罪人的。

某人请了甲、乙、丙、丁4个人吃饭，眼看着就到了约定的时间，丁却迟迟不来。这个人着急了，顺嘴就说了一句："该来的怎么还没来？"甲听了不高兴了，说："看来我是不该来的。"于是告辞了。这个人非常后悔自己说错了话，连忙对乙和丙说："不该走的怎么走了？"乙心想："原来我是该走的。"于是他也走了。这时丙说话了："你这人可真不会说话，把客人都气走了。"那人辩解道："我说的又不是他们！"丙想："呵！那说的就是我呗。"于是也生气地走了。

在中国式沟通中，如果知道了对方的禁忌，就能够避免许多不必要的误会。当对方发现你知道他的禁忌，并且在迁就他的风俗时，他对你的好感度就会增加。前面说过，中国式沟通实际上就是人际关系的沟通，当建立了良好的关系，就不会为沟通不畅而担忧了。

人人都喜欢与懂自己的人沟通

在某国，有一次来自不同国家的许多贸易代表应邀参加商务洽谈，洽谈的地点在一条豪华游轮上。代表们都对这次的安排表示满意，因为这也是难得的一次海上旅行。

然而，令所有人想不到的是，当船开到大海中时，竟然因为机械部件过热发生了爆炸，船舱很快漫进了海水，整个船体开始下沉。船长命令大副安排乘客逃生。根据当时的情况，唯一的逃生机会，就是穿上救生衣，跳进大海中。但是看着脚下漆黑冰冷的海水，贸易代表们犹豫了。即使大副用威胁强迫的口气命令他们，也没办法说服这些伶牙俐齿的贸易代表。

船长只好亲自出马，到客舱说服各国代表。他没有在大厅里当众说服，只是分别将代表们带到旁边小声说了几句，然后代表们就纷纷穿上救生衣跳进了大海。大副非常不解，就找了个机会询问船长都跟代表们说了什么。

船长笑着说："其实我也没说什么，我只是对英国人说，跳水绝对有益健康，不用担心；对法国人说，跳到水里获救时会上电视，很出风头；对俄罗斯人说，这是伟大革命的一刻；对美国人说，上船前我为他们买了高额保险。"

大副听后，恍然大悟。

在与人沟通时，面对的是一个复杂的人，想要从心灵上说服别人、感动别人，就必须要站在对方的角度，以对方为中心，尊重对方的习惯，了解对方的需求，当对方觉得懂他的时候，那就会愿意敞开心扉，听取意见。

无论是什么类型的沟通，好的话题，都是增进了解、加强理解、强化感情的重要手段，不仅如此，好的话题还能让沟通继续下去，并且自然地引出主题，但是如何选择合适的话题却是让沟通者头痛的事情。

事实上恰当的话题最好是以对方为中心。比如上班路上遇到了同事，说"你的衣服真漂亮"，就比说"今天天气真不错"的话题亲切得多。因为天气与对方无关，很难引起对方的兴趣，话题难以持续，很可能就这样一路尴尬地到达公司；而说到衣服，同事可能会接着说："真的吗？这是我昨天刚买的！"这样一来，就可以继续谈论了，一路下来感情也会加深一步。

有些人认为，重大的、刺激性的话题才是好的话题，所以很多人喜欢搜集轶闻趣事作为谈资，殊不知这是极其错误的认识。无论是新闻大事，还是饮食起居，无论是工作学习，还是日常生活，只要是对方感兴趣的，就是好的话题。用对方感兴趣的话题沟通常常可以引起一场愉快的交流，兴趣是让对方进行下去的动力，若自己对这个话题也表现出浓厚的兴趣，那么对方就更愿意与你沟通了，因为你能够懂他。

当然，找不到对方感兴趣的话题时也不要惊慌，做一个合格的倾听者也能让你成为对方的知己。

人们发现，现实中的许多沟通无法顺利进行的原因，是因为认为对方没有听懂，所以没办法进行下一个话题。那么要如何做一个懂对方的人呢？首先要做的就是学会倾听。

在沟通中，我们有时会看到这样的情景，一方还没有说完，另一方就抢口强说，讲出一些不着边际的话；或者别人的话还没听清，就急不可耐地先表达自己的意见；又或者别人说得兴致勃勃，而自己却心不在焉，心荡魂游。若是遇到这种情况，还有继续沟通的欲望吗？

沟通是双向的，一方说话，另一方就要倾听。一位心理学家曾说："以同情和理解的心情倾听别人的谈话，是维系人际关系、保持友谊的最有效的方法。"可以说倾听也是一种沟通的艺术。

一名保险业务的推销员去深圳拜访一位客户。客户不会说普通话，只会说上海话。推销员听了半天也不太明白对方在说什么，唯一听明白的是：好像他的子女对他不太好。对方从表情上也看得出推销员听不懂他说的内容，但仍然自顾自地说个不停。他只是想满足自己倾诉的欲望。这位推销员刚进入保险行业，对该行业不是很了解，面对这个客户，他唯一能做的就是聆听。没想到，谈话结束的时候，他签到了他的第一份保单。

这就是聆听的作用。聆听是一种能力，也是沟通与交流的基础。

一个人要和别人交谈，不仅自己要懂得如何去说，更要懂得如何去聆听。缺乏聆听的技巧，往往会导致轻率的批评。一个人会任意的批评或发出不智的言论往往是因为他不管别人要说什么，只想主控整个对谈的场面。如果仔细聆听别人的意见的回馈或反应，就能确定对方有没有在听自己说话，得知对方是否已了解自己的观点或感觉。而你也可以看出对方所关心、愿意讨论的重点在哪里。

那么，如何做一名合格的倾听者呢？下面的几个方法可供参考：

首先，做一个用心的聆听者。在听别人说话时，不要玩手、抖脚、打拍子，任何小动作都可能伤害到对方的自尊心。倾听的时候要看着对方，不要被其他的事情分了心，适当的时候，要用手势、眼神等鼓励对方说下去，并借此来表示自己在用心地听。当需要发言时，要尽量简练，不要岔开话题，并且要适可而止，将话语权交给对方。

其次，要协助对方将话题延续下去。假如你和一位朋友在餐厅用餐，他说昨天和太太大吵了一架，所以一夜都没睡好。如果你不喜欢掺和别人的私生活，那么你可以说："婚姻生活总是有苦有乐，你喝果汁还是茶？"如果你希望可以帮上朋友的忙，那么你就可以说："难怪睡不好，夫妻吵闹一定让你很难受。"接下来，你给了他抒发心中抑郁的机会，他的心情好了，同时也获得了他的友情。如果你希望在沟通中继续话题，可以用一些简短的评语或问题来表示你希望他继续的意愿。如"真的？""是吗？""你说一点细节"等。

最后，学会听懂言外之意。某个房产经纪接待过这样的一位顾客，在他说出一幢房子的价格时，顾客说："就算是琼楼玉宇也没什么了不起的。"他说的时候有些犹豫，笑容也很勉强，于是他知道了，这位顾客想买的房子和他能买得起的价格有些差距。所以他说："在您决定之前，我们不妨多看几幢房子。"顾客高兴地同意了。后来这位顾客从他这里买到了合适的房子。这位房产经纪后来说："我之所以成功，不仅在于我仔细聆听顾客讲出来的话，更在于我能听出顾客没讲出来的话。"

事实上，中国人含蓄的表达方式常常造成沟通障碍。成功地读懂对方，要从成为一个好的谈话对象开始，要成为一个好的谈话对象，就要从做一个好的听众开始。当对方觉得你懂他时，他就会敞开心扉，淋漓尽致地吐出心中的话。

尊重对方的文化风俗是最基本也是最大的尊重

中国是个多民族的大国，每个民族都是自己独特的风俗和文化。中国式沟通实际上就是在尊重对方的前提下，与对方进行沟通交流的方法，而尊重对方的风俗习惯，就是对对方最大的尊重。

周恩来总理60多岁时，曾到云南参加当地傣族的泼水节。泼水节是傣族非常隆重的节日，他们向最尊贵的人泼水，以表达祝福之情。当时的警卫员见水花四溅，就用雨伞去挡水，总理却让他把伞收起来。总理说撑伞是对傣族人民的不礼貌，不能因为自己身体的原因而伤害傣族人民的感情，要尊重他们的风俗习惯。警卫员非常羞愧，连忙把伞收了起来。周总理用行动向傣族人民表达了自己的敬意，也将傣族人民的心连得更紧了。

现代社会，走亲访友是平日里最为平常的交往活动，拜访时带上一些礼品也是非常普遍的现象。那么，送礼的讲究知道多少？送礼有哪些禁忌势必不知道的呢？

在中国台湾，朋友之间一般是不能送手巾的，因为在台湾有句俗语，是"送巾，断根；送巾，离根"。在台湾人的认知里，送手巾就意味着要跟他永别。同样，扇子也是不能送的，因为扇子价格低廉，季节性强，过了夏天就会被束之高阁，正所谓"送扇，无相见"。刀剪含有"一刀两断，一剪两段"的意思，另外，刀剪锋利，容易伤人，所以送刀剪除了含有绝情断交的意思外，还有不怀好意和威胁恐吓之嫌。"伞"同"散"，有"分散"的意思，所以送伞就代表了断交。

哈萨尔族、蒙古族、柯尔克孜族和塔吉克族等游牧民族的聚集地都位于西北牧区，他们非常忌讳骑快马到帐篷门口下马。因为在古代时候，快马通常用来报送不吉利的消息，这个风俗一直延续至今。所以在这些民族看来，骑快马到门口下马不吉利，也是不尊重主人的表现。手持马鞭进入毡房是蒙古族的忌讳，因为马鞭介意算是武器，手持武器进入别人家，会被认为是来寻衅挑战的。

牧区的人还很忌讳别人当着他们的面赞美他们的孩子和牲畜，因为他们认为这会给孩子和牲畜带来灾祸。清点人数的时候千万不要用手或者棍棒点指，因为只有清点牲畜的时候他们才会这样做。一些信奉伊斯兰教的民族，如回族、维吾尔族、东乡族、柯尔克孜族、撒拉族、塔吉克族、乌孜别克族、塔塔尔族、保安族等民族，除了不能吃猪肉外，也不能吃驴肉、狗肉，以及死亡的牲畜、凶禽猛兽和动物的血。和这些民族的人一起吃饭，为了表示尊重，最好也不要吃这些东西。

南宋哲学家薛季宣在《浪语集》中说："南人喜鹊而恶乌，北人喜乌而恶鹊。"南宋著名文学家洪迈也在《容斋随笔》中也说："北人以乌声为喜，鹊声为非，南人反是。"喜鹊和乌鸦在外形上比较相似，然而其文化含义却截然不同。

比较而言，在中国大部分地区，人们都更喜欢喜鹊，认为它能带来喜事。而浑身乌黑的乌鸦却象征着"死亡"和"不详"。然而在北方的一些地区，乌鸦却代表着吉祥，喜鹊反而是"厄运"和"灾祸"的象征。

清朝时，紫禁城中的乌鸦是吉鸟，皇家甚至派专人每日布食饲喂。据传，满族的祖先曾被敌人追杀，当时一只乌鸦落在他的头上，并引来很多乌鸦飞聚身边，才让他逃过一劫，所以满族人非常喜欢乌鸦。如果要结交一位满族朋友，最好不要送他《喜鹊登梅》图。另外，满族还禁吃狗肉，忌戴狗皮帽子，因为他们的祖先也被一只义犬救过。西炕上方是满族人用来供奉祖先的地方，所以满族人的西炕是不能随便坐的。

维吾尔族人在屋内坐下时，要跪坐；双腿伸直，脚底对人是非常不礼貌的。奉茶时必须双手举杯奉上，接受物品时也要双手，单手接物也是不礼貌的。在屋内交谈时，不能吐痰、擤鼻涕、打哈欠、放屁等。如果到维吾尔族朋友家中做客，一定要尊重他们的风俗，避免触犯他们的禁忌。

除了各民族各具特色的风俗习惯，生活中的忌讳也不少，有些忌讳是人们代代流传下来的生活或生产经验，具有一定的科学道理，也有一些就纯属没有科学道理的迷信和习俗了。比如苏北的一些地方，女人是禁止从割草或切菜的刀上跨过去的；又如梨不能分开吃，必须整个吃下去，因为"梨"与"离"同音，"分梨"即"分离"，预示着离散。民间的一些忌讳或口彩大多从谐音而来，如香港人忌讳的"164"这个数字，即"一路死"。商人则喜欢"888"这个数字，因为与"发发发"同音，为了讨个吉利，甚至不惜重金购买带有"888"的电话号、车牌号等。

各民族、各地域独特的风俗文化，是当地人世代相传流传下来的传统，是值得每个人尊敬和遵守的。尊重对方的风俗习惯，是对对方最大的认可和尊重。

一定要知道的一些地域文化和风俗常识

中华民族地大物博，从极寒的漠河到酷热的南沙，从乌苏里江到帕米尔高原，幅员辽阔的国土上，分布着 34 个省市，居住着 56 个民族。广阔的土地，众多的民族，形成了中国各地多种多样的风俗习惯。在民族大融合的现今，各地域、各民族之间的交往越来越紧密，越来越频繁，想要更好地与人沟通交往，了解各地的风俗常识是不得不做的功课。现在，就来看看不同民族、不同地域都有哪些你不知道的风俗。

当经过藏区时，如果看到挂着红、黄、绿布的牛羊，千万不要随便驱赶和伤害，这些牛羊是藏民献给神明的贡品。进到藏族朋友的家中，男客要坐在左边，女客要坐在右边，不要随便乱坐，否则会惹主人不高兴。如果看到谁家门口设了火盆、贴了红布条、插了树枝或者倒立的木杆，就不要进去了，因为这表示主人谢绝访客。藏族人非常重视自己的宗教，所以对寺庙也非常敬畏，未经允许，最好不要进去。进去之后，不要吸烟，也不要随便触摸经书、钟鼓和佛像。另外，在寺庙周围，伐木、高歌、捕鱼和垂钓都是禁止的。藏族人只食用偶蹄目动物，对于其他动物则敬谢不敏，鸡、鸭、鹅等家禽，鱼、虾、骡、马、驴、狗等肉类，他们都是不吃的。藏族有天葬的风俗，但是天葬的禁忌颇多，非常忌讳别人参观。所以不要因为好奇去天葬场参观，打扰藏族人举行天葬仪式。

苗族人不喜欢被人称作"苗子"，而喜欢自称"蒙"。在苗族，杀狗、打狗、吃狗肉都是禁止的。如果和苗族人游戏，千万不要用绳子或布带捆绑他们。黔东南一带的苗族在立春第一次春雷响后的三天之内是不允许出去工作的。每月阴历的初一和十五，湘西的苗族不能挑粪。

黎族人居住的船形屋是黎族一种传统的居住房屋。进入船形屋时，要记住，不能戴草笠，在屋内也不允许吹口哨和扛锄头。黎族人认为，如果人多生病，家畜不旺，就是屋场多阴鬼神占地，这时就必须要搬家。

壮族人忌讳单手奉茶，必须要双手捧杯，夹菜时忌讳来回挑捡着吃。当壮族人家有产妇时，要在门上悬挂草帽，提示别人不要进去。壮族人忌讳坐在门槛中间，也不能戴着斗笠或扛着锄头走进家中。每年的阴历二月二壮族人要祭龙山帝王，这一天不能进山伐树，也不能在山中大小便。

刚到傣族地区时，不要在郊外或村前的树下休息，更不能在那里大小便。不要骑着马进傣族的寨子，这会让傣族人很不舒服。西双版纳是中国小乘佛教的集中地，因此傣族的很多禁忌多与佛教有关，比如当遇到傣族群众祭祀寨神，千万不要进寨子。不要摸小和尚的头，参观寺庙的时候必须要脱鞋。到傣族朋友家做客，不要从火塘上方跨过去，这样很不礼貌。窥看主人卧室也是傣族人的大忌。在西北地区的傣族朋友家做客，不要吸烟、喝酒；在西双版纳的傣族朋友家做客不要吹口哨、剪指甲。

蒙古族人认为黑色为不详，所以他们非常不喜欢这个颜色。他们也不喜欢吃虾、鱼、蟹和海味。到蒙古包中做客，不能骑着马在蒙古包门口下马，这预示着不祥。也不能手持马鞭进入毡房，他们会认为这是寻衅。不经允许不能进入毡房，进到毡房内，不能随便坐、不能蹲、不能把腿伸向西北方或伸向火炉。不能跨过主人的衣帽、被褥和枕头，不能在毡房内吐痰，也不能踩着门槛出包房。用烟袋、剪刀、筷子指着别人的头也是蒙古人的忌讳。

拜访朝鲜族朋友，千万不要敲门，应该呼叫主人。朝鲜族的老人地位很高，平时的饮食也是单独制作和食用的。如果父子同席，儿子也不能当着父亲的面吸烟、喝酒。朝鲜族的人不喜欢吃鸭肉、羊肉和肥猪肉。

维吾尔族最忌讳的是在户外穿短裤，晚上睡觉时不要头东脚西或四肢平伸。如果到维吾尔族朋友家做客，洗完手没擦干时不要甩手。用餐时要让年长者先坐好再入席，吃饭是外出不能从餐布上跨过去，也不能从别人前面走。做客时不要当着别人吐痰。

到彝族朋友家做客，要坐在火塘的上方或右方，堆放东西和睡觉的下方和左方是不能坐的。不要用脚踩踏火塘，更不要从上方跳过去。彝族人款待朋友一般都设酒肉宴席，给你东西吃，一定要吃，即使不会喝酒也要多少喝一点，否则会认为看不起他。但是只能在那里吃完，不能带走。

回族等穆斯林民族最忌讳吃猪肉，也忌讳谈论猪，另外狗肉、马肉，他们也是不吃的。不要请他们吃猪肉，也不要把猪肉当作礼品送给他们，设宴款待回族朋友要设清真席。

在土家族，扛着锄头、穿着蓑衣、挑着空桶进屋都是禁忌；不能和土家族的少妇坐在一起，但是可以和土家族的姑娘坐在同一条板凳上。

到阿瓦族的聚居地游玩，穿过村寨前一定要征求村民的同意。主人若在寨前插上芭蕉叶，就表示欢迎进寨；若献上茶水，则表示拒绝。如果你看到谁家门前插着根木杆，就说明这家不想让客人进屋。到阿瓦族朋友家中做客，不要带着树叶和绿颜色的饰物。进屋后，不要坐在妇女坐过的鼓墩上。送礼物给阿瓦族朋友，不能含有辣椒和鸡蛋等物，在阿瓦族，这是绝交和宣战的意思。烟草和饰品是求爱的意思，所以不能送给妇女，有轻佻之嫌。

除了以上这些，其他的民族也有很多禁忌。比如，鄂伦春族最忌讳别人提到自己的长辈或死人的名字；景颇族忌讳用手摇醒睡着的人；阿昌族忌讳走路时与别人擦肩而过；怒族忌讳拒绝赠送的礼物和食物；德昂族见面时，男人忌讳拍肩头，女人忌讳触动包头和衣物；哈尼族忌讳别人到产妇家借家具；京族忌讳跨过渔网，禁止坐在新造的尚未下水的竹筏上，还禁止碗口朝下放置。

　　所谓"己所不欲，勿施于人"，在与人交往沟通的时候，多顾及一下对方的感受，尊重对方的风俗，有助于彼此建立良好的沟通氛围。

第四章　中国式沟通需要培养谦谦君子之风

个人修养素质直接决定沟通方式

司马迁在《汉书·东方朔传》中描写，东方朔是一位精读百家、才华横溢的辞赋家。他性格诙谐，言辞敏捷，滑稽多智，常用谈笑的方式与汉武帝讨论政治，用幽默的语言劝谏汉武帝。

汉武帝在位时，有人因在上林苑擅自射杀了一头鹿，被有司判为死罪。东方朔知道这件事后就对汉武帝说："这人的确该死，理由有三：第一是他让皇帝因为一头鹿而杀死一个人；第二是他让天下人知道陛下看重鹿的性命而轻视人的性命；第三是匈奴犯我汉边的敌情紧急，需要鹿的角撞死匈奴兵。"汉武帝听了之后不说话，后来他就赦免了杀鹿的那个人。

东方朔晚年重病缠身，临终前，他向汉武帝呈递奏章劝谏说："《诗经》上说：'飞来飞去的苍蝇，落在篱笆上面。慈祥善良的君子，不要听信谗言。谗言是没有止境的，四方邻国不得安宁。'希望陛下远离巧言谄媚的人，不要听取他们的谏言。"汉武帝看到他竟用这么庄重正式言辞，感到非常奇怪，就对身边的人说："现在的东方朔说的较多的是些正经话了。"

东方朔的个性诙谐、放浪不羁，经常口出妙语，引得汉武帝展颜大笑，他善用风趣的言辞劝谏汉武帝，言笑晏晏中说服皇帝接纳建议。东方朔跟随汉武帝多年，对汉武帝非常了解。汉武帝晚年时候常做些昏聩的决定，且亲近小人、听信谗言，东方朔对此非常忧心。因此，他才在临终前一改往日诙谐的态度，庄重恳切地劝谏汉武帝亲贤臣远小人。可惜，正是因为他惯常在汉武帝前谈笑取乐，所以汉武帝始终将他当作俳优看待，没有听取他临终前难得的正经的建议。否则，汉武帝后期也就不会发生巫蛊风波，废后诛子的灾祸了。

东方朔多次劝谏汉武帝，为什么以前都成功了，最后却失败了呢？实际上这与他的个人素养有着直接关系。在汉武帝面前，东方朔是一个放浪不羁的人，他诙谐的语言和滑稽的行为就是他沟通的方式。汉武帝喜欢他这种沟通方式，换个说法就是，皇帝习惯于他诙谐幽默的沟通方式，所以当他一改往日的不羁，换了一种正经的沟通方式，汉武帝反而不相信了。

实际上就是这样，一个人的个人素养决定了他的沟通方式和风格。当使用惯常的方式沟通时，沟通的信息更容易传达给对方；若改变沟通方式，对方对所传达信息的信任度就会降低。

沟通中的个人素养是可以培养的，优秀的个人素养让你能更容易的与人打交道。在中国式沟通中，需要注意修炼以下素养：

第一，分清对象，明确目标，制订方案。在沟通准备阶段，必须要做三件事情。首先，要分清谁才是沟通对象，要提前了解沟通对象的社会身份，弄清楚双方之间的关系，明确对方有什么禁忌，还有对方的性格特点、知识水平和喜欢的沟通方式；其次，还要明确自己的沟通目标，通过沟通要达到什么样的结果，避免沟通是无目的的闲聊；最后，要制订一个沟通的方案，也就是提前想好要怎么去沟通，该说什么话，用什么方式沟通，怎样回答对方的问题，如何向对方提问等，这样做的目的是为了在沟通前做到心中有数，使沟通更有针对性。

第二，尊重对方。无论对方的身份地位是高还是低，都要发自内心地尊重对方。尊重对方并不仅限于语言上的客气，肢体语言也同样重要。在别人说话时要注意倾听，不要做小动作，影响对方的沟通情绪。

第三，适当寒暄。沟通开始时不要直奔主题，选择轻松自然的话题作为开场白有利于营造和谐友好的沟通氛围。

第四，时刻注意自己的语速、语气和语调。中国人说话表达的不仅仅是字面的意思，说话的语速、语气和语调同样可以传达沟通中的真实想法，所以沟通时要控制自己的语速，做到有话好好说，有话慢慢说。语速过快容易给沟通对象造成压力，也给对方留下"不沉稳、心浮气躁"的印象。不仅如此，语速过快，嘴巴先于脑袋，还有可能说错话，得罪人。在讲话时熟练地运用语气和语调，不仅能够体现自己的身份，而且还能让自己的发言更具节奏感和感染力。通常人们喜欢不做作，有底气的语调。

第五，沟通时要有互动，但也不要随便打断对方。所有成功的沟通都是双向互动的结果，沟通双方有发言，有反馈才能交流。当别人说话时，偶尔提出一些小问题、适当的给予赞美、适时的反馈自己接收的信息等都是不错的回应。除此之外，延伸、手势等肢体语言也是沟通中的互动。互动、给予回应并不是打断对方的发言。事实上，随便打断对方的发言是沟通的大忌。打断对方，会影响对方思维的连贯性，打击其沟通的积极性，言而不尽，沟通也难以顺畅进行。在沟通中不打断对方的发言，是一个人自身修养的体现。

第六，少说多听，鼓励对方说下去。作为沟通高手，应该具备激发别人讲话的能力，发现对方话语中的闪光点，用简短的语言、手势、眼神等予以鼓励，调动对方的积极性，促使对方讲下去。要做到这一点，必须要善于把握人情世故，少说多听，从对方的话中找亮点，深入把握对方言辞中的内在含义，有针对性地发言或鼓励。

第七，懂得包容，沟通双方的知识背景、人生经历、价值观念有可能存在差异，这种差异性是造成误解的最根本原因。没有两个人的思想是完全相同的，所以不要苛求对方必须赞同你，你也不需向对方完全妥协。因为妥协是无法真正化解误解的，只有包容才能做到。在沟通中表现出包容心能够体现出开阔的心胸和较高的人生觉悟。

第八，完美收尾。在沟通中，好的开场是成功的一半，好的收尾却能令沟通升华，所以不要忽视结尾的重要性。结尾的时候不能突兀，不能拖沓，更不能尴尬，做好这些并不容易。结尾方式虽然各有不同，但是一般的结尾都要确认一下双方沟通的内容和达成的共识，此时要注意礼节和礼仪，并向对方表达谢意。

个人素养的优劣不仅决定了沟通方式，也决定了沟通水平。每个人都喜欢跟高素质的人交往，当你在沟通中表现出优秀的个人素养时，你已经获得了对方的认可。最起码，对方愿意肯定你的人格，这时你说出来的话，就变得更有信度了。

在沟通的过程中确保君子之风

儒家经典《论语·述而》中说："君子坦荡荡，小人长戚戚。"意思是说，作为君子，应当有宽广的胸怀，可以容忍别人，容纳各种事件，不计较个人利害得失。孔子还曾说过："君子有九思：视思明，听思聪，色思温，貌思恭，言思忠，事思敬，疑思问，忿思难，见德思义。"那么何为君子呢？

对于君子最早的具体说明来自孔子，可以说"君子"是孔子的理想化的人格。君子尚勇，但是必须以行仁、行义为己任，君子处事中庸、恰到好处。在古代，君子指的是地位高的人，后来指人格高尚、道德品行兼好之人。

北宋思想家周敦颐曾在《爱莲说》一文中这样写道："予独爱莲之出淤泥而不染，濯清涟而不妖，中通外直，不蔓不枝，香远益清，亭亭净植，可远观而不可亵玩焉……予谓菊，花之隐逸者也；牡丹，花之富贵者也；莲，花之君子者也。"周敦颐因为莲花"出淤泥而不染，濯清涟而不妖"，将莲花视为花中君子，可见，在人们的心中，君子就是"不蔓不枝，亭亭净植"的。

中国人交往注重礼仪，中国人最欣赏的人是具有君子之风的人。在沟通的过程中，你如果能够表现出一种谦谦君子的风范，一定可以收获对方的好感，沟通起来也会更加容易。

那么，如何在沟通中确保自己的君子之风呢？

首先，要懂得把握分寸。不是所有的事都适合在公开场合谈论，也不是所有的人都可以开玩笑，所以说话的时候一定切记把握分寸。必须要知道在这个场合什么话能说，什么话不能说，能说多少，还有要怎么说。说话不失分寸是一门高深的学问，这不仅取决于文化素养和思想修养，还需要勤于思考，善于观察。

张先生在外出差时，一天忽然接到了朋友的电话，说他的妻子掉进了下水道，被送进了医院，让他赶快回来。张先生听了急急忙忙赶回了家，可他却看到自己的妻子正在看电视呢。他这时才知道自己被骗了。张先生立即打电话质问朋友，朋友却不以为然地说："今天是愚人节，我跟你开玩笑的。"

张先生愤怒地挂断了电话。

熟悉的朋友间开开玩笑，互相取乐一番是稀松平常的事情，但是开玩笑也要懂得分寸，像上面的故事中那个朋友开的玩笑，就有些太过了，最后只能乐极生悲。

无论是商务谈判中的沟通，日常工作中的沟通，还是朋友间的沟通，开个得体的玩笑，既可以活跃气氛，又可以放松神经，是沟通过程中有利的调剂。但是开玩笑的时候必须要把握分寸。第一，要注意的是，玩笑的内容一定要高雅，纯洁、文雅的笑料不仅能够突出文化修养，提升整体形象，还能传递信息，甚至启迪对方。第二，态度要友善，玩笑应该是善意的，绝不能拿别人寻开心。第三，注意对象的挑选，一个人的身份、性格、心情不同，对玩笑的承受能力也就不同，比如下级不宜同上级开玩笑、女性不宜同男性开玩笑等，同辈之间开玩笑则要顾及对方的情绪。第四，开玩笑要分场合，在庄重肃穆的场合不宜开玩笑。第五，开玩笑时要避开对方的忌讳和短处。

其次，要知道适时闭嘴，不惹是生非。苏东坡有诗云："高山石广金银少，世上人多君子稀。相交不必尽言语，恐落人家惹是非。"俗话说"知无不言，言无不尽"，如今看来，这话也并非放之四海而皆准。"凡事太尽，缘分势必早尽"说的就是这个道理。

小林休完产假回到公司上班，遇到了同事小杨。出于礼貌，小杨跟小林打招呼说："你上班了呀？你家小孩儿挺可爱的吧？"说完之后，小杨意识到这话有些不妥，因为没有哪个人认为自己家的小孩儿不可爱。果然，小林说道："谢谢！你早点生一个不就知道可不可爱了？"小杨是一个30多岁的单身女性，小林的一句话刺伤了小杨的自尊。两人之间字词产生了隔阂。这就是不懂得适可而止引发的矛盾。

在人与人的沟通中，君子之道就是适时地吞下不该说的话，闭上嘴会变得更可爱，这样既尊重了对方，又保护了自己，何乐而不为呢？

闲谈莫论人非，这其中还包括不谈别人的私事。办公室是一个八卦滋生的地方，同事间闲谈时非常喜欢谈论别人的八卦，因为八卦是联络感情的最佳的共同话题。公司的这种"茶水间八卦"不能不聊，否则会被贴上"不合群"的标签，甚至会被孤立。聊是可以聊的，但是怎么聊就是门学问了。聊天时不要对别人抱怨，办公室不是心理诊所，在办公室发牢骚，心情不仅得不到纾解，抱怨还有可能带来麻烦；即便跟老板的关系再好，也不要在办公室里谈论，否则工作无论做得好或不好，都有麻烦；闲聊八卦时，要只听不说，无论听到什么都不要说出去，以免惹祸上身；八卦要避开敏感话题，比如别人的奖金；八卦时不要暴露自己的野心，它很有可能会传到上司的耳朵里，小心壮志未酬身先死。其实办公室八卦，能不聊的时候就不聊，能抽身的时候就抽身，才是硬道理。

最后，不咄咄逼人，得理要饶人。在中国式沟通中，不是能言善辩就占据了上风。伶牙俐齿和咄咄逼人只能显示尖酸刻薄和寻衅挑衅。就像卡内基说的：你可能赢得了辩论，但你却输了人缘。沟通不是辩论，没有输赢，得理要饶人，确保君子之风，才能达成沟通目标。

可以有自己的看法但不能强加于人

沟通的过程是不断地求同存异的过程，其中每个人都有自己的观点。作为一位谦谦君子，就不能把自己的观点强加到对方的身上。

有两个年纪相差较大的姐妹，姐姐沉稳老练，妹妹年轻活泼。一天，姐妹二人相约去买衣服。第一次，妹妹按照自己的意愿挑了一个款式，试穿出来的效果很适合她的性格和年龄。但是姐姐却觉得这身衣服太年轻，不稳重，怎么看都不好。

第二次，姐姐挑了一款自己喜欢的衣服，让妹妹去试穿。妹妹看到姐姐拿的衣服就不喜欢，但还是勉强换上了。穿出来的效果果然如姐姐一样显得成熟沉稳，但是跟妹妹的年龄又不相符。

妹妹第一次穿这种款式的衣服，感觉非常不自在，可是姐姐却很满意。妹妹同姐姐商量，希望买自己看上的那件衣服，但是姐姐却说妹妹年纪小，不懂欣赏，姐妹俩几乎在店里吵了起来。最后，姐姐还是坚决买下了她自己看上的那件衣服。姐姐虽然花钱给妹妹买了衣服，但是妹妹却怎么也高兴不起来。

上述故事在我们日常生活中非常普遍，尤其是在家长与孩子的沟通中。在孩子面前，家长总是有一种权威感，这可能是从小到大延续下来的一种思维惯性。小的时候，孩子不懂得分辨，所有的决定都是家长替他做的。当孩子长大后，家长仍会出于习惯，替他做决定。

一位男同学在工作之后同父母住在一起，一次他女朋友帮他挑了一件圆领的 T 恤衫。二人回到家中，他的妈妈看到衣服，就对他说："你穿圆领的衣服不好看，我喜欢你穿翻领的。"

儿子说："我们买之前已经试过了，挺好看的。"

妈妈却坚持说："不行，我说不好看，你明天就去把衣服退了。"

儿子迂回地说："我买的是特价品，不能退。"

妈妈见儿子不听自己意见，就开始歇斯底里地数落他。

儿子和女朋友都很不高兴，但是又不敢跟妈妈吵，只能双双躲出去了。

在我们周围，争执是无处不在的。一场电影、一本小说都能让两个人争吵起来。每个人都会遇到与自己不相同的人，各自有自己独特的思想、观念和处事方式，会对某人、某事有自己的看法和评论，这些看法和评论在不同程度上都会与别人不同，这种差异性就可能转化为人与人之间的争执。任何争执都不会让人感到愉快，因为双方的观点在争执的过程中会变得越来明确，每一方都将对方当成"敌人"，试图将自己的观点强加在对方身上。

钢铁大王卡内基曾经说过："十之八九，争论的结果会使双方比以前更加相信自己是绝对正确的。你赢不了争论。要是输了，当然你就输了；如果赢了，还是输了。为什么？如果你的胜利，是对方的论点被攻击得千疮百孔，证明他一无是处，那又怎样？你会觉得得意扬扬，但他呢？你让他自惭形秽，你伤了他的自尊。他会怨恨你的胜利。而且，一个人虽然口服，但人心里却不服。因此，从争论中获胜的唯一秘诀就是避免争论。"

观念分歧引发的争执大约是这样的过程：一天，你和朋友在讨论某个社会问题，发现他的观点似乎跟自己有些不同。于是，你开始在大脑中搜索事实和论据来支持自己的观点，并希望通过争论来的手段让对方认同自己，取得这场争论的胜利。但是，在这个过程中，你忽略了一个重要的问题，对方不一定会放弃自己的观点来支持你，很有可能他也有同样的想法。争论的重点已经不在于谁对谁错，而是驳倒他让他颜面扫地了，他对此怀恨在心。所以这场争论进行到最后，没有一方获得胜利，因为争吵已经让你们忘记了最初的目标。

沟通中遇到分歧是再正常不过的事，当沟通双方遇到分歧时，不要急于否定别人，即使分歧再大，也不能争吵。双方需要静下心来，心平气和地进行讨论，这才是正确的沟通方法。在这个过程中，要表现出自己的善意，像平时谈话一样讨论可以消除对方的戒心，在这时还可以先赞同对方观点中与自己相同的部分，拉近彼此的距离。切记不要激烈地攻击对方的观点，一味维护自己的观点。因为争论使人分离，而讨论让人相互接近。

最后要强调的是，"己所不欲，勿施于人"，你不希望被迫接受别人的看法，就不要将自己的看法强加给对方。所有的交往都是相互的，你怎么对待别人，别人就会怎么对待你。微笑不一定就能换来微笑，但愤怒绝对不可能换来微笑。所以，表现出包容和善意，亮出君子之风，不要将自己的观点强加于人。

暂时搁置自己的观点，允许并鼓励对方说话

有一位外交官的太太跟随丈夫来到异国他乡。每次丈夫带她出去应酬，她都会感到尴尬。她来自偏远贫穷的小城，而宴会上都是在世界各地都居住过的人。他们口才奇佳，既端庄得体，又风趣幽默。为了迎合气氛，她拼了命地找话题与人交流，以表明自己的存在。

在一次宴会上，她遇到了一位资深的外交家，他不大讲话，但是却深受欢迎。她将困扰自己的问题告诉了那个外交家。外交家对她说："沟通的过程中并不是只需要发言者。你知道，每个人说话都需要有人聆听。善于倾听的人，在宴会中同样受欢迎，而且他还像沙漠中的甘泉一样难能可贵。"

善于倾听是中国式沟通中最重要的技能之一。有的时候，为了沟通能够顺利进行，我们甚至需要暂时搁置自己的观点，鼓励对方说话。

鼓励对方说话，需要我们成为一名有心的倾听者。倾听也有许多种类。比如，用一只耳朵听、表情呆滞地听、感谢式倾听、积极倾听等。事实上，

用一只耳朵听和表情呆滞地听对于个体的过程是有害的，三心二意的倾听行为，让发言者没有信心再讲下去。与之相反，感谢式倾听和积极倾听都能有效地鼓励对方，让对方继续说下去。

感谢式倾听可以让我们获得双倍的信息。当对方发言时，我们点头示意，或者跟着发言者的思路随声附和，在不打扰对方的情况下鼓励他继续说话。感谢式倾听发出的反馈是接收反馈，表示我们在听，但是不一定理解发言者说的话。

当沟通双方意见发生分歧时，当与沟通对象发生争论或者向他提出意见时，积极倾听才是最合适的倾听方式。

采用积极倾听，我们可以获得更多信息，也可以更好地理解发言者的观点。积极倾听是一种最好的倾听方式，它让沟通变得更有效率。

积极倾听需要发言者和倾听者双方都参与到沟通中，作为倾听的一方，你必须调动自己的全部思维，去理解发言者所说的内容，并且把你所理解的信息反馈给发言者。倾听者的反馈不仅是给予发言者的一种信号，同时也检验了倾听者的倾听效果和理解程度。另外，有些发言者可能自己的思路也不清晰，不能精确地做出解释，所以倾听者的反馈可以帮助他们理清自己的思绪，发展他们的思维，激发他们进一步补充说明，传递更加准确的信息。所以，通过积极倾听，你可以收集到更多有用的信息。

积极倾听传递的信息是倾听者听到并理解的内容，这还需要沟通双方身体语言上的配合，如用眼神鼓励，或者点头示意。你所反馈的信息，可以是对讲话内容的理解，也可以是对他们感觉的理解，无论是哪种，都要在适当的时机表达出来。

值得注意的是，积极倾听的反馈并不一定是赞同发言者的观点，即使你对发言者的观点表示质疑，也可以表现为理解他的观点，做出积极倾听的姿态。

积极倾听的过程，互动比较频繁。当你向发言者反馈信息的时候，要留给对方思考的时间，发言者经过分析理解，会对你的反馈做出反应，如肯定你"对，你可以这样理解"，或者驳斥你"不，我的意思其实是……"如果你的反馈的信息与发言者的观点一致，那么发言将继续；如果理解错误，发言者可能会重新梳理他的思维，再讲一次。在这个过程中，你会越来越明晰对方的想法，越来越理解对方的感情。

如果发言者表达出了多个要点，你要抓住其中你认为关键的一个，这将促使谈话向着你最想要的结果的方向发展；当发言者向你传达出多种情感时，抓住最后一种，这往往是最准确的一种。

此外，积极倾听的过程中，必须要习惯简短复述发言者讲述的要点，复述时要使用模糊的口吻，比如："你好像……"、"你的想法是……"、"让我们小结一下……"、"那一定激怒你了……"、"如果我认为你是正确的……"等，用陈述句来征求答案，会比直接询问获得更多的信息。因为，如果你用疑问句直接问了，很可能只能得到"是"或"不是"的答案。

不过，有一点要记住，暂时搁置自己的观点，并不是无条件赞同对方的观点，而是有目的地暂时退让。这是因为：第一，暂时退让是为了避免争执，缓解沟通者之间因意见不同造成的紧张气氛；第二，暂时退让是为了让对方接着说下去，让沟通得以继续进行；第三，暂时退让是为了从对方那里获得更多有价值的信息，全面了解对方的想法，以便找到解决分歧的方法；第四，暂时退让是为了向对方表达善意，同时也为自己塑造了彬彬有礼的君子形象。

真心真意地将自己的心里话说出来

公司的一位经理希望了解下属是否将产品的相关资料邮寄给了客户，下面是他与下属关于该问题的对话。

经理："你把用户手册和产品使用说明都邮寄给客户了吗？"

下属："我最近比较忙，所以我交给小王去做了。"

经理："那小王寄了没有？"

下属："他刚好去参加培训会了，所以这件事还需我亲自去寄。"

经理："那你寄了？"

下属："没有。我刚要去寄的时候，客户打来了电话。他们询问了许多关于产品使用的问题，我向他们做详细的解答。"

经理："然后呢？"

下属："然后，他们又提出了一些关于产品手册的改进意见，希望我们可以稍微调整一下。"

经理："你调整好了吗？"

下属："我在调整的时候发现……"

经理听到这里已经忍无可忍了。很多人都跟这个经理的感受一样，一个简单的问题，回答时绕来绕去，不直接说结果，最后知道没有做，因为信心不足一直在试图解释。这种拐弯抹角的沟通方式常常令人火冒三丈，其实最好的方法就是简单直接地说出真相，解释要在说出结果之后。这时候一句真诚的认错，比一百句狡辩托词更容易获得原谅。

在一个问题面前，人们一般会表现出两种辩论能力，一种是普通人的争吵，另一种是专家级的沟通。普通人的争吵中，双方不是在讨论观点，而是在简单地表达观点，并试图说服对方同意自己的看法，这种辩论最有可能演变成谩骂和争吵，甚至还会大打出手，对于结果是毫无成效的。专家级的沟通即有效的沟通，需要做到摆清观点、讲明理由、听懂对方、思考反馈、提出问题、增进了解。其中第一步，就是要真心诚意地说出自己的心里话，以诚待人才能令人信服。

有一位推销员，他做了几十年的推销工作，却一直业绩平平，而且他逐渐对多年来一直强颜欢笑、吹嘘商品的推销方式产生了反感和厌恶，他的生活倍感压力。有一天，他突然做出决定，要对别人以诚相待，不对顾客说假话，真诚的讲自己认为对的话，即使被解雇他也不怕。可是出乎意料的，他的工作竟然变得轻松起来了。

有一天，一位客人来到店里，这名推销员接待了他。交谈中，他了解到这名顾客想买一种可自由折叠、调节高度的椅子。于是，他如实地向顾客介绍道："我们店里有这样的椅子，可是说实话，它的质量可能不是很好，我们常常会接到顾客的投诉和退货。"

顾客说："是吗？就是说有很多人都使用这种椅子？那么它还挺实用的。"

推销员说："大概是这样。不过，您看，"他边为顾客做着演示边解答道，"这种椅子的升降不是很自然。虽然它是新款式，但是结构设计有点问题。如果我不告诉您它的缺点，那么我就是在欺骗您。"

顾客追问道："它在结构设计上有问题？"

推销员回答："是的。他们把它的结构设计得过于精巧复杂，反而显得不灵便了。"

这时，推销员用脚狠狠地向椅子的脚踏板踩下去，椅面突然向上升起，撞到了顾客的手上。推销员赶紧道歉："对不起，其实我刚刚是故意的。"

顾客没有在意，他说："我还想仔细看看它。"

推销员继续说："这是应该的，买东西就是要精挑细选，才不会吃亏。您看这把椅子，它不是用上乘木料制作的，贴面胶合的地方也不完美。坦白地说，我并不推荐您买这种椅子。不如您看看其他的种类或品牌？或者您到另一家店去看看，也许他们那里有更好的椅子。"

顾客听了推销员的话方才开心，坚持要买下这把椅子，并且立即付了款。顾客离开后，推销员被经理狠狠地骂了一顿，并接到警告，若还是像这样推销商品，就要被辞退。第二天，店里突然来了许多客人，纷纷表示要买这种椅子，几十把椅子很快就卖完了。原来，这些顾客都是昨天的客人介绍来的。

经理看到这种火爆的场面非常震惊，他立即撤销了对推销员的警告，并且将他的工资提高了 3 倍，休假也增加了 1 倍。经理让其他推销员向他学习他的推销方法，并将其当作新的销售风格在整间店面推广。

语言是沟通中最重要的表达方式，但却不是唯一的表达方式。有时候，舌尖灿如莲花的人也不见得比笨嘴拙舌的人具有更高的沟通能力，其实关键在于一个"诚"字。在中国式沟通中，感情具有非常重要的作用，在沟通的过程中不要害怕流露出真情实感，华丽的语言包裹的谎言容易被看穿，只有发自内心的真诚的沟通才能令人心悦诚服。

控制自我情绪，不说过分或者是过激的语言

从前有个小池塘，里面住着一只脾气很坏的乌龟。两只大雁经常到这个池塘来喝水，一来二去，就和乌龟成了好朋友。后来，池塘因为干旱渐渐变得干涸，乌龟失去了池塘，只好选择搬家。这时正好是秋天，大雁要飞往南方过冬，乌龟决定跟他们一起到南方去。但是乌龟不会飞，大雁就找来了一根树枝，两只大雁各执一端，乌龟用嘴叼着木棍，一起飞往南方。

他们越过田野和湖泊，地上的孩子看到了，觉得很有趣，就拍着手打趣道："快看呐！那只乌龟多滑稽！"乌龟第一次飞上天空，还在扬扬得意，但听到有人嘲笑它，就立即发起火来。它想要开口大骂，谁知刚刚张开嘴，就从天上掉了下来，落在岩石上，摔死了。

大雁叹了口气说："坏脾气真是要不得啊！"

实际上，坏脾气就是在心理上解除了武装，这样不仅暴露了自己，还有可能伤害他人。

人类是感情化的动物，这句话不仅是说人类的情绪变幻莫测，而且情绪是会传染的。在职场上流传着这样一句话："一颗老鼠屎坏了一锅汤。"坏情绪就好像细菌或病毒，具有传染性，有人将其称为"情绪污染"。人们发现，在一个企业中，个别消极员工可能会让整体员工的工作效率降低。事实上，当周围总有那么两三个喜欢抱怨的同事时，你的工作情绪也不会太高，甚至听到好消息也显得不那么兴奋了。当你和一个脾气暴躁的人沟通时，你会发现很难用心平气和的态度对待他，你的脾气似乎也变得很难控制了，对方的

坏脾气把周围人也变成了和他一样的人。

研究表明，原本心情舒畅、乐观向上的人，如果整天与愁眉苦脸、心情沮丧的人相处，也会变得抑郁，而且这种传染性的强弱与人的同情心和敏感性成正比。坏情绪的传染性是在不知不觉中进行的，就算与一个坏情绪的人相处半个小时，自己的情绪也会变得不好。

成功的人总是善于控制自己的情绪，无论在什么情况下，都能表现得镇定自若。所以有人说："成功者控制自己的情绪，失败者被自己的情绪控制。"

在沟通领域，沟通者的情绪对沟通的成败起着至关重要的作用，许多失败的沟通案例都是因为情绪的失控而造成了不可挽回的后果。在激动的情绪下，人的思维是不可控的，很多人会在这时说出一些过激的言语，伤害到对方；当情绪平复之后，又会后悔不已。大喜易失言，大怒易失礼，大惊易失态，大哀易失颜，大乐易失察，大惧易失节，大思易失爱，大醉易失德，大话易失信，大欲易失命。所以古人说："怒而不发，苦而不言，喜而不语。"在中国式沟通中，情感的因素有时比沟通的内容更加重要，所以沟通者必须要学会控制自己的情绪，以免出口得罪人。

不善控制自己情绪的人容易给人轻浮、不成熟的印象。喜怒形于色的率真放在小孩子的身上叫"天真烂漫"，放在成年人的身上则被认为是"不可靠"。而遇到不高兴的事情就生气的人，是很难得到别人的信任的。世界上最愚蠢的行为就是用嘴巴伤害别人。如果看别人不顺眼，其实是自身的修养不够，真正优雅的人能够控制好自己的任何情绪。

曾有人研究，如果摆出一副微笑的表情，心情也会变得愉悦，所以控制情绪并没有多么困难。下面几种方法教你如何控制情绪。

一是转移法。将注意力转移到其他的事情上，有利于安抚自己的情绪。

二是弱化法。对于非原则的刺激，我们要尽量做到不听、不看、不感觉、不输入，将情绪的阀门关闭，弱化它对你的影响；如果已经输入，那么就尽量不思考、不联想、不记忆。

三是抵消法。用另一种刺激抵消不良刺激，如被喧嚣的噪声吵得心烦意乱时，不妨听一听自己喜欢的音乐，减轻烦躁的情绪。

四是解脱法，又叫换个角度看问题。例如像"塞翁失马焉知非福"，跳出问题原有的局限性，从另一个角度对问题进行重新审视、分析和理解，将精力转移到另一个目标上。

五是分离法。将影响情绪的因素进行分离，然后逐个击破，忌讳算总账。

六是利用法。利用时机和客观条件，将坏的事情变成好的事情。

七是体谅法。将对方看成客观存在的事物。体谅别人，宽恕自己，不要用别人的过错惩罚自己。

八是表达法。寻求宣泄情绪的"出口"，如写作、谈心等。

如果这些还不能帮助你控制情绪，那么请你记住 10 个字："小怒数到十，大怒数到千。"在这里，时间是平复情绪的最有效的良药。

记住，承认别人就是承认自己

苏东坡与僧人佛印是好朋友，两人经常在一起谈佛论诗，戏谑斗智。这一天，苏东坡和佛印闭目静坐修行，佛印问苏东坡："你看我打禅像什么？"

苏东坡看着老禅师，想了想，却没有直接回答，而是反问佛印："那您看我打禅像什么？"

佛印捻须而笑，说："我看着您，就像一尊高贵的佛陀。"

苏东坡听了非常受用，心理很高兴。

老禅师又问："现在您能告诉我，您看我像什么了吧？"

苏东坡想要故意气气佛印，就对他说："我看你啊，就好像一堆牛粪。"

佛印听了苏东坡的话，却没有生气，只是微微笑了笑。苏东坡以为他很难堪，心里暗暗窃喜。

回到家中，苏东坡把自己将佛印说得哑口无言的事情告诉了妹妹苏小妹。苏小妹听了哈哈大笑。苏东坡不解，就问缘由。苏小妹说："哥哥你才是真的傻。人家禅师心中有佛，所以看到你也像佛；而你心中有牛粪，所以你看别人如牛粪。当你骂别人的时候，其实也是在骂自己。"苏东坡听了大悔。

这虽然是一则笑话，但如果从另一个角度来分析的话，倒能让我们获得新的启示。从一个人的言行，可以看出一个人的内涵和风范，因为脑子里想了些什么，就会说出什么样的话。所以说思想决定言行，此言非虚。从一个批判者的言行中，我们可以看到他的眼界和见识。比如喜欢骂人的人，也会成为别人讨厌的对象。用语言侮辱别人，必定会失去别人的信任。良好的沟通必须建立在互相尊重的基础上，才有可能达成沟通目标。

曾经有一个孩子喜欢到山里玩耍。有一次，他无意间对着山谷喊了一声："喂——"，声音刚落，就听到四面八方传来了一阵阵"喂——"的声音。孩子很高兴，因为大山回答了他。接着他又喊："你是谁？"大山回答："你是谁？"孩子喊："为什么不告诉我？"大山回答："为什么不告诉我？"孩子生气了，于是他对着大山喊："我恨你。"大山这次也回答："我恨你——我恨你——我恨你——"孩子哭着跑回了家。

回到家中，孩子把事情的经过告诉了妈妈，妈妈对他说："你去对大山喊一声'我爱你'，你看它会怎么回答你。"

孩子又跑回了山里，对着大山喊："我爱你——"孩子瞬间就被"我爱你"的声音包围了。孩子笑了，大山也笑了。

孟子说："爱人者，人恒爱之；敬人者，人恒敬之。"尊重就好像"大山"，当你尊重对方时，也会获得对方百倍的理解和尊重。尊重，是人与人的交往中最重要的品德，也是中国传承几千年的礼仪文化中，最高贵的人格操守和智慧的处世之道。尊重对方，既是对对方的理解，也是对对方的认可。所谓尊人尊自己，这是一种辩证的关系。想要得到别人的尊重，就必须要学会尊重别人。

人与人之间的交往和沟通，是一个求同存异的过程。千人千面，每个人都能按照自己选择的方式生活。不能要求别人一定要同自己选择一样的道路，所以当面对与自己思想迥异的人时，不要试图改变他，而是要豁达大度地认可他。

每个人都渴望被了解、被承认，因为认可对方可以让对方觉得自己非常重要。实际上，别人对待他自己，就和你对待你自己一样，所以认可他、尊重他是有效沟通的重要基础。

那么，怎样认可对方，才能让他觉得自己重要呢？

第一，说话时以对方为主语。多使用"您"、"您的"代替"我"、"我自己"、"我的"。这样既显得有礼貌，又凸显对方的重要。

第二，学会聆听。做一名合格的聆听者，看着对方，认真地听，积极地思考，恰到好处地回应，你细心诚恳的聆听会让对方意识到自己是被重视的。

第三，适当地赞美和恭维对方，关心他的家人。每个人都有值得称赞的地方，所以不要吝惜你的赞美，这会令他们非常高兴。比如，一个女人如果不漂亮，你可以说她有气质；如果没气质，你可以说她温柔；如果不温柔，你可以说她善良……总之她一定有优点。此外，适时地表现对他家人的关心，可以让你们很快成为朋友。

第四，记住对方姓名。第一次见面时就记住对方的姓名，可以让对方快速对你产生好感。

第五，在回答对方问题前稍稍停顿一下。短暂的停顿显示出你在认真聆听和思考，肯定了他的话是值得思考的。

第六，肯定那些等待见你的人。如果要见你的人需要等待，那么必须让他们意识到，你在等他。这是对他的尊重和肯定，如"对不起，让您久等了"，就是一句简短的、温暖的礼貌用语。

第七，给予每个人关注。如果沟通对象不是一个人，那么务必要对每个人都给予关注。

如果做到以上几点，你一定会成为一个非常受欢迎的人。

总之，实际上沟通就像跳交际舞，都是建立在互动前提下的行为。认可别人就是认可自己，尊重别人就是尊重自己，这就是互相尊重的真正含义。没有尊重这个前提，沟通也是不可能成功的。

第五章　中国式沟通应懂得运用糊涂哲学

问问自己，为什么需要沟通

不论沟通是否有效，沟通成了我们日常生活的主要部分。同时，它还是我们实现目标、满足需求、实现抱负的重要工具之一。我们来看下面这几个例子。

一个例子是，某公司一位未婚男领导和秘书出席一个品牌推广活动。活动中该领导一直在夸奖一位女士，说："你是本次活动中的佼佼者！你是我见过的最有能力的女性。"秘书看在眼里。为了讨好领导，活动结束后，秘书竟然去保媒了。结果令领导和那位女士都非常尴尬。

另一个例子是，某公司有两位副总，一位外向开朗，另一位内向稳重。他们在自己的职位上表现得都非常出色，但是两人看问题都带有一定的主观性，所以总是出现分歧。因为他们志不同、道不合而彼此小看对方，公司内一直无法建立和谐的团队文化。

还有一个例子是，小张突发急性肠炎进了医院，检查的时候他跟大夫说："大夫，你看是不是要吊盐水呀？"大夫听了轻松地回答："想吊盐水还不容易。"然后就给他开了盐水。小张取了药回来，脸色非常不好，因为药篮里装了满满 12 瓶盐水。小张问大夫："大夫，我要吊这么多盐水吗？"大夫说："你不是喜欢吊盐水吗？"

上面的几个例子我们可以看到，在这个充满竞争的社会，沟通和人际关系已经成为事业成功的重要保证。沟通和说话不同，它已经不能算是本能，而是一种能力。也就是说，现代社会所定义的沟通并不是人类天生就具备的，而是通过后天的实践和学习才掌握的。

我们发现，与国外的小孩相比，我国的小孩普遍怯场。也就是他们在台下很会说话，可是一上台就说不出了。实际上这与中国家庭教育有着很大关系。在家庭教育中，家长习惯压制孩子，不常让他们发表自己的意见。等孩子长大以后，他们就不知道应该说什么话，不应该说什么话了。人们应该从小的时候就开始训练自己的沟通能力，开始学习怎样才能讲话得体、表达贴切，还要学说什么样的话能够获得别人的好感。

沟通是具有目的性的谈话，沟通之前，务必要明确此次沟通的目的；在沟通的过程中，也要时刻牢记你的目标，注意不要把话题扯得太远。在职场上，沟通的目的大体可以分为四类：控制成员的行为、激励员工改善绩效、表达情感和流通信息。

控制成员的行为是沟通的第一个目的。如果不与下属沟通，就很难知道下属是否是在领导的安排下工作。换句话说，如果下属不知道是否按照领导的安排工作，那么领导是否知道这件事？

沟通的第二个目的是激励员工，也就是改善员工的工作绩效。

当世界上有了电脑，人们发现，似乎所有人都可以坐在电脑前工作了。

然而这种观念却是错误的。如果只有电脑，它是什么也做不出来的。比如电脑能画画，但是世界上有哪幅画作是电脑画出来的？有人说，电脑会作曲，那么世界上又有哪首曲子是电脑做出来的？有人发明了能写毛笔字的电脑，但世界上有哪幅碑体是电脑写的？事实上，电脑只是一个工具，真正工作的还是人。

电脑和网络拉近了人与人的距离，却让人们的心产生了隔阂。从早上上班，到晚上下班，每个人都坐在自己的电脑前，各忙各的。连"说话"都不用离开位子，因为有聊天软件。人与人之间不沟通，就缺少了激励，团队效率又怎么能提高呢？

如果你是现代企业的主管，有件事是必须做的，那就是时常在员工间转一转，目的有二：第一，看看是否所有的员工都在打字，他们打的是否是有意义的字；第二，如果把每个员工都看成一颗珍珠，那么散落的珠子不会自己穿起来，你就要去做那根穿珠的线，帮助他们彼此串联起来。所以说管理活动不是只能通过开会和安排工作完成的，有时候下去走走，穿一穿"珍珠"，会比整天开会更具效果，这种方式就叫作激励员工。

表达情感是沟通的第三个目的。从企业管理的角度来说，情感指的就是员工在工作中获得的满足感、成就感、失落感和挫折感。许多公司都喜欢在公司内部建一面"英雄墙"，把公司每月的销售精英的照片贴上去，既能表彰优秀员工，又能激励员工。然而安利公司却没有这样做。

安利公司每次召开员工会议的时候都会找一名成功的业务员，让他把自己成功的故事讲给大家听；同时还会找一名失败的业务员，让他把自己失败的故事也讲给大家听，然后大家一起交流。最后，他们会把5个成功的故事和5个失败的故事放在一起，再让大家交流讨论。安利的成功，很大程度上要归功于这种独特的沟通方式。所以说，分享成绩不如分享情感。

流通信息是沟通的第四个目的。对于一家企业而言，这里说的流通信息就相当于商业信息，其中包括公司内部的信息、竞争对手的信息、合作伙伴的信息、政府关系的信息等。对于企业来说，这些信息都是至关重要的。在中国的一些企业中，业务人员离职带走一大批客户和关系的现象非常普遍。很多老板都曾抱怨，好不容易培养一名业务经理，最后拍拍屁股而走，给公司带来了很多麻烦。

遇到这种情况，公司可以采取以下措施，相信会减少许多不必要的损失：第一，员工离职前，让员工与接替人进行工作上的交接，让接替人尽快熟悉工作内容和流程；第二，让离职员工带领接替人到客户处拜访，并做好交接；第三，让离职员工将日常工作制成备忘录留在公司，以供接替人员阅读；第四，让离职员工带领接替人拜访有关政府部门级官员，确保后续联系。

事实上有些事完全没有必要"较真"

有一位长得很胖的妇人走进了一家服装店。女店员看到她就说："大娘，你长得太胖了，我们店没有您能穿的衣服。"

妇人听了非常不高兴，刚想反驳她，女店员又开口说："其实老了胖点更好。"妇人被气得不知如何发作才好。

这时，老板娘从后面过来。妇人立即跟她告状说："我今天是招谁惹谁了，刚进到你家店里，你们的店员就说我又老又胖！"

老板娘连忙道歉说："实在对不起，我们这位店员是刚从乡下过来的，特别不会说话，但说的都是真的。"妇人听了气冲冲地走了。

上面的故事中，小姑娘和老板娘说话太直，不会拐弯，所以才得罪人。老妇人对事实较真，最后受到了二次伤害。

著名学者南怀瑾曾说："越保守的人越有自己的范围，结果变成固执，变成粘胶一样，自己不得解脱，被它粘住了，就是佛家所讲的执着。"

菜根谭中也有"涉世浅，点染亦浅，历事深，机械亦深，故君子与其练达，不若朴鲁，与其曲谨，不若疏狂"的箴句，意思是说，年轻人刚刚步入社会，涉世未深，也不曾沾染什么污垢；等经历的事多了，阅历增长了，也就有了有心计较的妄想，烦恼也就多了。所以做人与其处处通达，不如有些地方马虎一点的好。

清朝郑板桥曾写过4个字——难得糊涂。其实，中国人颇有些糊涂的处世哲学，"有些地方马虎一点"，是在说做人不要计较太多，也不要过分执着，偶尔装装糊涂对谁都好。做人太固执死板，容易走进"死胡同"，钻进"牛角尖"。俗话说，"天下没有过不去的河，也没有解决不了的难题。"与其一条道路走到黑，不如学学怎么"拐弯"，说不定就是"山重水复疑无路，柳暗花明又一村"呢。

平时待人接物太较真的人，他的人生观往往是非黑即白的。他们的原则性很强，在他们看来，世界上只有对与错，没有中间的灰色区域，他们很难用综合的观念看待事物。其实，世界上几乎没有绝对的黑与绝对的白，大部分事物都是介于两者之间的灰色。

老张被评为了先进员工，公司发给他一笔奖金作为奖励，同部门的同事都嚷嚷着让老张请客。当天晚上下了班，同事们聚集在饭店里热热闹闹地吃了一顿。吃完饭，老张去柜台结账，回来以后小王问："今天这顿饭花了多少钱？"

老张说："370元。"

小王是个爱较真的人，他在回家的路上反复琢磨这晚上的菜，发现怎么算也到不了 370 元，最多也就 300 元。想到这里，他立即返回了饭店，要来了账单一看，上面写的是"270 元"。他问服务员："到底是 270 元还是 370 元？"服务员说："当然是 270 元。"他连忙给老张打电话说："我现在在饭店呢，我看账单上写的是 270 元，服务员也说是 270 元，你到底给了 270 元还是 370 元？你好好想想，别多给钱了……"可是小王还没说完，老张就挂了电话。

一会儿，老张的电话打来了，他说："小王啊，我多报 100 元，就是想给自己留点私房钱。你这么较真干嘛？电话打了三五通，我老婆都起疑了……"小王在电话里就红了脸，他感到非常难堪。

过于较真的人，说话的时候可能会显得颤颤巍巍的，尤其是在上司面前。对这样的下属很容易让上司失去耐性，到头来还有可能会丢了工作。较真的人在说话时会过分在意语言的正确性，反而会忽略答案的连贯性和逻辑性，常让人觉得词不达意。在沟通时，如果他们能够注意提高语言的整体优势，忽略个别字的准确性，这样的效果反而会好一些。

想要过"马虎一点"的生活，就要试着放下心中的固执之念，拓展心灵的空间。第一，你需要变换思维方式，学会从不同角度去看问题，不要拘泥于一己之见；第二，改变自己的习惯，如果平时的习惯会影响到别人，最好改掉它；第三，修正理想，执着于理想并没有错，但也要看理想是否合乎时宜，只有净、正、全、美的理想，才值得坚持；第四，培养新情感，较真的人对待感情也是非黑即白的，过分执着于感情，容易产生私爱、溺爱、错爱等畸形的情感，所以应该放下偏执的爱，培养公正、公开的情感。

现实中有的人活得潇洒，有的人活得很累，是为什么？其根本原因在于是否是个爱较真的人。有位智者说，如果一个人在大街上听到有人骂他，他连头都不会回。究竟是谁骂了他，他一点兴趣都没有。因为人生实在太短暂了，想做的事情还有很多。有人说，难道你能咽下这口气？打个比方来说，你上街遇到了一条疯狗，然后你被疯狗咬了，你不仅感觉伤口很疼，还要担心是否被传染了狂犬病。但是，你完全没有必要再反口咬回去，以牙还牙在这里并不适用。我们在这里说的处事不较真，是说做人做事不要太死板、拘泥形式，不懂变通，而不是要人做事不认真。糊涂是福，遇事灵活一点，能睁一只眼就只睁一只眼，能马虎一点就马虎一点。

糊涂一点点，方便他人就是方便自己

"宰相肚里能撑船"是说人度量大，不与人计较。的确，对于做大事的人，在无关大局的事情上，糊涂一点，宽恕下属的小错，既方便了他人，也方便了自己。

东汉末年，袁绍曾是北方实力最为强大的诸侯。公元 199 年，曹操率兵与袁绍部在官渡对峙。当时袁绍麾下战将百余，精兵 10 万，可谓兵广粮足；而曹操的兵力只有袁绍的 1/10，又缺粮少衣。双方部队强弱高下立现。很多人都觉得曹操必败无疑。曹操手下的许多部将和大臣都纷纷暗中给袁绍写信表心迹，准备曹操一败就投降袁军。后来，曹操的谋士许攸献上奇计，建议曹操派人袭击袁绍的屯粮之所乌巢，袁绍没有了粮草，必定军心涣散，即可扭转战局。曹操采取许攸之计，率兵成功奇袭乌巢粮仓，继而击溃袁军主力，一举打败了袁绍。这就是历史上著名的"官渡之战"。此战奠定了曹操统一中国北方的基础。

战争刚刚结束，曹操的军队在清理战利品时，发现了一大捆信件。一个官员抱着这些信件匆匆来向曹操汇报："丞相，袁绍仓惶逃跑的时候，扔下了不少东西。其中有一批信件，是京城和我们军营中的一些人暗地里写给袁绍的。"

曹操接过来看了看，发现这些信大都是吹捧自己的敌人袁绍的，有的还表示要离开曹营投奔袁绍。

曹操手下的亲信十分生气，向曹操建议说："这还了得！应该把他们抓起来治罪！"

但曹操终究不是普通人，他站在了一个更高的层面上看问题：仗还打不打？霸业还图不图？这些人杀了，自己用谁去？光杆司令能玩得转吗？杀了这些人就能保证不再出政变吗？这都是非常难预料的事。

曹操权衡利弊，决定把这些信当面全烧了，把信任留给众人。于是，他微微一笑，说道："去把这些信统统烧掉。"

众人一听，都愣了。有人轻声地问："那就不查了？"

"不查了。请你们想想，当时袁绍的兵力比我们强那么多，连我都感到不能自保，何况大家呢？"

于是，根据曹操的命令，那些信全部被烧光了。

那些曾经写过信的大臣见证据已经被烧了，这才放了心，而且暗自惭愧，决心今后更加忠心于曹操而不怀二心。不仅如此，他们十分钦佩曹操宽宏的胸怀。

曹操没有想当然地按名单抓人、杀人，反而在通往帝业的道路上，用装糊涂、既往不咎的方法，烧信以示安抚，将那些离散的人心又收了回来，在当时起到了稳定大局的作用。这在当时实际上是最高明的处理方法。

俗话说："聪明难，糊涂更难。"那么身为领导者想要"糊涂"，就难上加难了。大多数领导者都希望自己对企业的事情明察秋毫，对员工的情况了如指掌。企业的大事小情，员工的一举一动，都要事无巨细地报告给他，并经他批准才能起效。如果员工未经允许就擅自处理问题，就会遭到批评，甚至更严肃的处理。

事实上，这是最不高明的领导。对所有事情都事必躬亲的领导，他的大部分精力都被一些鸡毛蒜皮的小事绊住了。就算能将企业内部的琐事处理的井井有条，充其量也不过是一些小手段而已。与他们丢下的企业大计比起来，这些手段是多么的微不足道。所以说，这种事必躬亲的领导作风是非常愚蠢的。除了丢了西瓜捡芝麻的愚蠢，还有他们忘了"水至清则无鱼"的道理。他们力求完美的作风没有给调整失误留下任何回旋的余地。他们把事情安排得严丝合缝，不留半条后路，一旦出现错误，企业连一点转机都没有。唯一从中得利的就是被养得平庸懒惰的下属。在这样的企业氛围中，他们习惯推卸责任，喜欢滥竽充数，善于以权谋私。

人常说："与人方便，与己方便。"难得糊涂无非就是给别人方便，给别人方便别人就会对你也难得糊涂。两个过于精明的人就像两只正在酣斗的公鸡一样，非要分出个你胜我败来，这于健康的身心是没有什么益处的。如果你是一个处处不糊涂的人，总是圆睁双眼，提高警惕地生活，那是很累的。何不像曹操那样既往不咎、大智若愚地装一下糊涂。

要做到难得糊涂，一个人就应具备宽容的美德。有了宽容心，完全可以对那些鸡毛蒜皮之类的小事付诸一笑，完全可以对并不重要的事糊涂一下，完全可以对无关紧要的事网开一面。如果这样做了，会处于一个快乐的心境之中，正如人们常说的："原谅使人快活。"

像宋代的吕端一样"小事糊涂，大事不糊涂"。要分清什么是大事，什么是小事。如果是一个检察官，对于贪污腐败、行贿受贿之类的事绝不能糊涂；而对同事把一盒烟拿了、不小心碰了一下这种小事完全可以糊涂一下。

过于精明的人常好为人师，指手画脚，求全责备，对人苛刻，眼睛里容不得半点不合他意之处。这种精明人为了显示其精明处，常常是横挑鼻子竖挑眼，从来都不会难得糊涂一下，这种人在现实中属于招人厌的那一类。就像王熙凤一样，表面上大家都对她唯唯诺诺，可在暗地里，恐怕人人都厌恶她自以为是的样子。

点到为止远比点破令人信服

20 世纪 80 年代，我国曾上映一系列动画故事片，名叫《阿凡提的故事》。故事的主人公是一个骑着毛驴的新疆大叔，他嫉恶如仇，风趣幽默，常常利用自己的智慧伸张正义。其中动画片中有这样一个情节：

有一天，阿凡提到一个热爱音乐的朋友家里做客。朋友见到阿凡提，就兴奋地拿出了乐器，一件一件地为他演奏。阿凡提惬意地欣赏朋友奏出的美妙音乐。一直到了中午，阿凡提的肚子都"咕噜咕噜"地叫了，可是朋友还沉浸在音乐中不能自拔。他一边拨弄着乐器，一边问阿凡提："你说世界上什么声音是最好听的？是都塔尔还是热瓦普？"

阿凡提回答说："我的朋友，这会儿，世界上没有什么声音比饭勺刮着锅的声音更好听了。"

朋友听了阿凡提的话，立即明白是阿凡提的肚子饿了，于是赶紧开饭。

阿凡提隐晦地向朋友表达自己的需求，既达到了自己"想吃饭"的目的，又让朋友免于尴尬，这次沟通是成功的。试想，如果阿凡提直接告诉朋友："我肚子饿了，你别摆弄乐器了，快给我找点东西吃吧！"先不说朋友会不会尴尬，如果朋友的脾气坏一点，阿凡提很可能就会被赶出去了。

这就是人们常说的"点到为止"，它的含义是，说话的时候只是轻轻触及话题的边缘，而不必深入谈论，但是已经让对方明了意图即可，也就是含蓄地"示意"。点到为止的说话方式，一般用在深入谈论就会让彼此感到尴尬的问题上，或者用不宜直说的话题。

中国人非常注重自己和他人的面子，不愿意做伤害别人面子的事情。所以在生活中，人们很少会当面批评别人。但是为了朋友或家人，有时候他们又不得不指责对方的缺点。直接批评对方会让人无地自容，下不了台阶。这种批评方式不但达不到让对方改正错误的目的，还有可能伤害彼此的感情。每当这种时候，人们喜欢用点到为止的方式达到批评对方的目的。我国古人就非常注重这种点到为止的方式。

战国时期，中山国由于国君昏聩，致使民不聊生。魏国开国君主魏文侯任命很有军事才能的乐羊担任大将军攻打中山国。后来乐羊凯旋而归，魏文侯亲自出城迎接，且大摆宴席为其庆功。酒宴之上，文武百官都向乐羊敬酒祝贺，乐羊自恃功高，浑身上下都流露出傲慢的神气。宴会结束后，魏文侯赏给乐羊两口封得严严实实的箱子。

乐羊受到赏赐非常高兴，刚到家中就把箱子打开，结果两口箱子中装得满满的都是大臣们弹劾利益的奏章。乐羊边看边哭，奏章中全是恶毒的诽谤和危言耸听的中伤，越看越害怕，冷汗像水一样流下来，最后他仰天长叹："想不到朝中有这么多人背后诋毁我，要不是国君用人不疑，我恐怕都不知死过几次了！"

第二天，乐羊上朝谢恩。魏文侯要给他封官，他却推迟道："能够攻克中山国，全都仰赖君王的英明，不是我的功劳。"

魏文侯说："我知道只有你能担此重任，所以才毫无猜忌地重用你。你为国效力，劳苦功高，我就封你为灵寿君。"

乐羊谢了恩，下朝后就动身前往灵寿封地去了。

乐羊从一个籍籍无名的平民，一跃成为大将军，身份的落差和战胜的功劳让他变得得意忘形。魏文侯送他弹劾奏章，就是想委婉地提醒他，做了官、立了功也要记得平民时恭谨的处世之道。魏文侯采用点到为止的方式批评乐羊，既不伤害君臣情谊，又恰到好处地点醒了乐羊，让双方都免于尴尬。

被后世称为"纸币之父"的北宋人张咏和当时的政治家寇准是相交多年的至交，寇准当上宰相时，张咏正在知益州做官，他对下属说："寇公奇才，惜学术不足尔。"不久后，寇准有事来到陕西，张咏也从任地来到这里。老友久别重逢非常高兴。

临别时，寇准问张咏："你有什么要跟我说的吗？"

张咏正好想趁机劝寇准多读点书。可是又一想，寇准现在已经是一人之下万人之上的宰相了，如果直接说就如同在讽刺他没学问一样，太伤他面子了。沉吟片刻，张咏就说："《霍光传》这本书非常好，有空读一读吧。"

会都相府后，寇准命人找来《汉书·霍光传》仔细阅读。当他读到"光不学无术，阇于大理"时恍然大悟，"这就是张咏要告诉我的啊！"

原来，霍光曾担任过大司马、大将军的职务，地位相当于宋朝时的宰相。他辅佐汉室立有大功，但是却居功自傲，不喜学习，不明事理，在某些方面，寇准同霍光有些相似之处。因此，寇准读了《汉书·霍光传》，就知道了张咏想要劝自己什么了。

张咏和寇准虽是朋友，但是寇准如今身居相位，而张咏当时还是一介布衣。他们身份悬殊，如果贸然相劝，很可能会让寇准不高兴。而且"不学无术"是任何人都难以接受的批评，何况是宰相，所以张咏"巧借书上言，传我心中事"，点到为止地劝说寇准多读书，让寇准在保全面子的前提下，非常愉快地接受了批评建议。

在日常的生活和工作中，很多时候我们会碍于人际关系无法开口明言。这种时候最需要的一种方法，既不会伤害对方的面子，也不会毁掉人际关系，但又能让对方来了解自己的需求和目的。能恰到好处地点醒对方，也能不着痕迹地批评对方，关键是对方还非常乐意接受。不得不承认，有的时候点到为止的沟通方法，比直抒胸臆更加令人信服。

其实，有些事原本就难以说破说透

《老子的智慧》是中国现代著名学者林语堂向西方介绍道家乃至整个中国古代哲学思想的一部重要著作，书中的很多内容对现代人具有重要的启示作用。比如其中有一段关于"道不可名"的对话。

泰清问无穷："你懂得道吗？"

无穷："不知道。"

泰清又问无为，无为说："我知道。"

泰清说："你所知的道，有具体的说明吗？"

无为回答说："有。"

泰清又问："是什么？"

无为说："我所知的道，贵可以为帝王，贱可以为仆役，可以聚合为生，也可以分散为死。"

泰清把这番话告诉了无始说："无穷说他不知道，无为却说他知道，那么到底谁对谁不对呢？"

无始说："不知道才是深邃的，知道的就粗浅了。前者是属于内涵的，后者只是表面的。"

于是泰清抬头叹息道："不知就是知，知反为不知，那么究竟谁才懂得不知的知呢？"

无始回答说："道是不用耳朵听来的，听来的道便不是道。道也不是用眼睛看来的，看来的到不足以称道。道更不是可以说得出来的，说得出来的道，又怎么称得上是其道？你知道主宰形体的本身并不是形体吗？道是不应当有名称的。"

继而无始又说："有人问道，立即回答的，是不知道的人。甚至那问道的人，也是没有听过道的。因为道是不能问的。即使问了，也无法回答。不能问而一定要问，这种问是空洞乏味的。无法回答又一定要回答，这个答案岂会有内容？用没有内容的话去回答空洞的问题，这种人外不能观察宇宙万物，内不知'道'的起源，当然也就不能攀登昆仑，遨游太虚的境地。"

上面一段论道，答题的意思就是：道是不能说透、不能说明的。其实，在我们的现实生活中，有许多事情和"道"一样，是不方便说破的，或者是没办法说清楚的。这时候要是不管不顾地只想把话说破、说透，反倒容易事与愿违。

那么，什么事情是不方便说破的呢？遇到难以启齿的问题，我们又该怎么说呢？

首先，遇到难以启齿、不宜明说的问题，可以用玩笑表达。

有时候，我们不得不说一些难以启齿的话，这话如果直接说，很可能会令对方不快，或者引起对方的反感，但是不说又难以达到目的。这个时候我们可以选择使用委婉的表达方式，既能传达自己的意愿，又不伤对方的面子。开个无伤大雅的玩笑，是个不错的选择。比如同事吃饭的声音很大，但不好意思当众揭穿他，就可以在私下嘻嘻哈哈地对他说："吃饭声音大可不雅哦！"

如果事先就比较了解或者提前就已经了解过对方的感觉，那么可以很容易把一些难以启齿的话巧妙地说出来。比如一个独居的单身姑娘，父母可能很担心其选择的男友是不是足够周全，这件事令这个姑娘很困扰，但是一定不要对父母大吼："别老把我当三岁的小孩！那是我自己的事，我爱怎么做就怎么做。"这种孩子气的发言完全无法增加父母的信心，他们会更加担心是否能做出稳妥的选择。此时应该想想父母的感受，他们也许并不是要阻止其做出的决定，可能他们只是担心选择是否太仓促，或者他们在年轻的时候，在选择伴侣的问题上曾经有什么经验教训，但是却不知如何开口说。如果不愿他们对此发表意见，可以故作轻松地对他们说："谢谢你们！你们的眼光可都遗传给我了，怎么也不会差的吧。"

其次，如果需要提意见，可以多提点假设。

与其说"你这样做不好"，不如说"你这样做不是更好？"当对方需要帮忙提供意见时，最好不要否定他的想法。无论他自己的想法是多么糟糕，也绝没有人喜欢被否定。这个时候，不应该做出评价，而是应该给出建议。提出建议的时候也要注意，不要把个人想法强加给对方，只需提出建议，然后让对方做出选择。

再次，当不得不告诉他人一个坏消息时，最好加一句"这真令人无法相信"。

谁都不喜欢听到坏消息，但是有时又不得不告诉对方某些噩耗。直接说出来，总是令人心情沉重，此时需要一些说话技巧。

坏消息不要直接说，加一句"这真是难以置信"的前缀，给对方留一点缓冲的时间。比如一个老师对学生说：这真是难以置信，你居然考这样的分数，这不是你的真实水平。告诉他没有考好本来就是件难以启齿的事情，但是老师这样说就会让学生对自己产生期待，努力在下次的考试中提高成绩。

很多时候人们都喜欢直言快语的人，因为豪爽的性格总能带给人们愉悦。但不是所有的直率都能让人感到畅快，有时候委婉地表达更能表现出对对方的体贴。说话委婉并不是心机重，也不是打太极绕弯子，而是对沟通对象的尊重，以及成熟的处世风范。善于沟通的人总是懂得如何包装自己的外表和语言。

最后，避实就虚，善用模糊的语言让自己摆脱窘境。

在与别人沟通的过程中，偶尔我们会遭遇对方的为难，或者陷入某种难堪的窘境。如果我们处理不好，很有可能会让自己难堪或破坏彼此的关系。这个时候我们最好的办法是避开问题的实质，用模糊的语言巧妙地化解难题，摆脱困境。

王安石有个儿子叫王元泽，他年幼的时候家中曾放了一个笼子，笼中关着獐和鹿。一次，有个朋友到王安石家做客，他故意为难王安泽，问他哪只是獐，哪只是鹿。王元泽当时年幼，还分不清獐和鹿，于是他沉着地回答说："獐的旁边是鹿，鹿的旁边是獐。"他模糊的回答让他成功地摆脱了困境。

有时候我们会遭遇别人的故意为难，我们不想回答或者不方便回答，这时候可以避实就虚，巧妙回避。比如当对方问"你今年多大了？"你可以回答"不到30岁（可能你下个月就30岁了）。"或者回答"没有你大（实际上你们只相差三天）。"当对方问"你读过《红楼梦》吗？"你可以回答"最近不曾读过（也许，实际上你从没有读过）。"

用避重就轻、避实就虚的语言回答令自己难堪的问题，既让你不失面子，又尽显了你的机智，还不会破坏融洽的沟通气氛，何乐而不为呢。

"真聪明"与"假糊涂"

有些事情，如果硬要较真，就会变得越来越麻烦。所以有的时候装装糊涂，说说糊涂的话，可能会得到更满意的结果。

希腊神话中有个小故事颇有寓意。主神宙斯命令英雄珀尔修斯捕杀魔女墨杜萨。墨杜萨为人十分精明，为了逃过珀尔修斯的追杀，她变身成为珀尔修斯的妻子安德洛美达的样子，试图瞒天过海。其实，珀尔修斯早就看破墨杜萨的伪装，但他故意装傻不知道，他还总是假装抱怨自己耳聋眼花，分辨事物越来越不济了，最后，他连家中存放最好的宝物的地方都告诉了墨杜萨。第二天，墨杜萨悄悄地潜入珀尔修斯家中，想去偷他的宝贝。珀尔修斯假装在午睡，其实是正在偷偷地观察墨杜萨的一举一动。墨杜萨自以为奸计得逞，竟不知自己已经掉进了珀尔修斯的陷阱里。珀尔修斯轻而易举地抓住了墨杜萨，将她交给了宙斯。

在这个故事中，假如珀尔修斯戳穿墨杜萨的伪装，墨杜萨就会逃跑，下一次，她还不知会假扮成什么样子，珀尔修斯又怎么完成宙斯交代的任务呢？

某学校内，一位老师发现实验室丢失一个放大镜。一天，她偶然发现几个学生正拿着一个放大镜在阳光下玩，正是实验室丢失的那一个。当她走近的时候，几个学生表现得非常慌张，她立即肯定了自己的判断。然而，她当时却并没有当众批评学生，而是笑着对他们说："哎呀！这不是实验室的放大镜吗！我昨天清点器材的时候，就发现少了一个，还不知道它掉到哪里去了。幸好被你们捡到了，省得我去找了。那你们先用它去做实验吧，下午再还给我。"几个同学终于放下心来，连忙答应了。

在这个故事中，假如老师当场斥责学生，甚至上纲上线将他们的行为定义为"偷窃"，不仅学生不服，老师自己也会落一个"看管不严"的过错。

懂得在恰当的时候"揣着明白装糊涂"，是一种豁达的人生态度。这需要有猛虎伏林、蛟龙沉潭的心胸和从容不迫的涵养。人生难免遇到难堪的境况，糊涂一些，忍耐一点，吃点小亏，退让一步，反而有利于摆脱困境。

不过，说糊涂话要讲究场合，否则"装糊涂"就会变成"真糊涂"了。

东汉末年，杨修在曹操麾下做主簿，他非常聪明，经常猜中曹操的心思，所以一直以此为豪。曹操自封魏王之后，有一次与蜀国作战失利，军队进退不能。若与蜀军耗下去，消耗太大，如无功而返，又恐遭人嘲笑，曹操非常为难。一天晚饭有鸡肋，曹操有感而发，觉得现在的情形就好像鸡肋，"食之无肉，弃之可惜"。恰在这时，大将夏侯惇前来禀请夜间号令，曹操随口说了句："鸡肋！"夏侯惇遂传令下去。

杨修听到"鸡肋"的号令，便叫士兵开始收拾行装，准备归程。夏侯惇知道后大惊，连忙前去询问原因。杨修说："鸡肋这东西，吃着没肉，丢了又可惜。我听到今天的号令，就知道魏王的意思是现在进不能胜，退怕人笑，僵持又没有好处，不如早早回去。明天魏王一定会下令退兵的。"

夏侯惇说："您真是了解魏王啊！"于是他下去安排军士继续收拾行装。

当夜，曹操心烦地在营地里散步，看到军士们各自准备行装，询问之下，才知道原来是杨修的主意，顿时大怒说："你竟敢造谣乱我军心！"于是命人将杨修斩首了。

实际上，曹操早就不满杨修总是猜中自己的心思，这次终于找到机会除掉了他。杨修的确很"聪明"，从曹操的言行中看出曹操本意的本事，没有几个人能够做到。但是他的"聪明"只是表面的，实际上却愚蠢至极。因为他没有猜到，并不是所有人都希望被别人看透，尤其是对城府极深的曹操而言。如果他能不那么"聪明"，学会"装装糊涂"，那么他的人生一定会是另一番际遇。

"糊涂"不是随便装的，"装糊涂"需要注意以下三个原则：

一是要记住，"装糊涂"而不是"真糊涂"，大智若愚的重点是"若"，不是"愚"。为了以后处理事情更加方便，可能需要一个"不知道具体事情"的身份，但是这并不意味着一定不知道，或者不应该知道。相反，还必须要提前了解情况，掌握信息，做到心中有数。

二是"装糊涂"的目的，不是为了方便"推卸责任"，而是为了随机应变，在需要的时候扛起责任，掌握事情的主动权。"装糊涂"可以灵活地掌控事情的发展，如有需要，可以在适当的时候"推卸责任"。但不能在所有事情上都"糊涂"，要在大事上"聪明"，小事上"糊涂"。

三是可以在过程中糊涂，但在目的上要聪明。"装糊涂"必须是有目的的，这是为了达成某个目标，选择的委婉方式。"糊涂"不是一装到底，最后一定要扣住中心点到主题。否则就是真的糊涂了。

别把糊涂当成是没有任何原则标准的敷衍

在某公司担任秘书的小张有一天去闺蜜家里做客，闺蜜3岁的女儿在屋子里跑来跑去，非常活泼。在小张与朋友谈话的时候，小姑娘不小心碰到了桌角，哭了起来。闺蜜慌忙跑了过去抱起了她，然后一边安抚着女儿，一边拍打着桌角说："宝贝不哭，都是桌子的错，妈妈帮你打它。"

这只是一个小小的插曲，孩子很快就被哄好了，然而小张却不由得担心起来：一个 3 岁的孩子在一次小小的挫折中跟父母学到了什么？小张看到的是闺蜜怎么"推卸责任"。撞到桌角是孩子自己不小心造成的，而作为母亲的闺蜜却说"都是桌子的错"。事情的本质瞬间就被母亲颠覆了，她不仅推掉了孩子的责任，还替她找到了"替罪羊"。孩子理所当然地认可了母亲所说的"真相"，然后下一次，她一定还会重蹈覆辙。因为这不是她的错，所以她不需要改正。

我们可以理解小张的那位闺蜜。因为孩子哭了，母亲最先想到的是让她停止哭泣，她选择的方法是"转移孩子的注意力"。事实上，这个方法一般是奏效的，孩子很快就不哭了。

实际上，中国的家庭在教育孩子的时候，父母似乎很喜欢"糊弄"孩子。原因可能有很多：也许他们觉得孩子太小，跟他们说，他们也不懂；也许他们是嫌孩子一直追问，太麻烦了；也许他们只是单纯的不忍心指责孩子。所以他们就"装糊涂"糊弄孩子。

很多父母认为，孩子不需要知道真正的"真相"，他们只要知道他们应该知道的"真相"就可以了。都说父母是孩子最好的老师，事实上的确如此。在父母"糊涂"思想的教育下，孩子也学会了"装糊涂"，以及附加内容"推卸责任"和"寻找替罪羊"。

所谓"三岁看大，七岁看老"，孩子从这次"碰桌角"事件中学会的"装糊涂"、"推卸责任"和"寻找替罪羊"的"技能"，会伴随着他们长大，他们的头脑中会形成了"装糊涂就可以逃避责任"的概念。而这种概念最终会被他们实践到生活以及工作中。

中国人喜欢"装糊涂"，这也是他们圆滑的处世之道中一个重要的特点。但"装糊涂"绝不是没有原则的敷衍，也不是不负责任的推脱，更不是寻找替罪羊的借口。

汉宣帝时期的宰相丙吉可以说是我国历史上最"糊涂"的宰相。在街上遇到有人斗殴致死他不管，但是碰到一头牛在喘息却偏要问。他的下属以为他可能犯糊涂了，就提醒他说："大人，您这样做，不怕别人认为您贵畜而贱人吗？"

丙吉却回答说："民斗相杀伤，长安令、京兆尹职所当禁备逐捕，岁竟丞相课其殿最，奏行赏罚而已。宰相不亲小事，非所当于道路问也。方春少阳用事，未可大热，恐牛近行用暑故喘，此时气失节，恐有所伤害也。三公典调和阴阳，职当忧，是以问之。"这段话的意思是说，"百姓私下寻衅斗殴这种事，自有长安令、京兆尹这样的官吏管。身为宰相，我只要根据他们一年的政绩进行考评，然后请皇帝实行赏罚就行了，至于他们的具体工作，用不着我亲自过问。现在的季节还没有到最热的时候，可是牛就开始喘息，我担心是节气失调的原因。要知道节气失调很可能会导致灾荒，这才是宰相分内该管的事"。

丙吉虽然做事看着糊涂，但是却不会推卸责任。他心里非常清楚，以自己的身份，什么应该做的，什么又是需要"装糊涂"不做的。实际上他真的对百姓斗殴致死这件事无动于衷吗？不是的。只是他认为交给长安令、京兆尹去办，会得到更好的结果。

说到宰相，中国古代有四位著名的"贤相"，被后世称为"萧规曹随，房谋杜断"。西汉初期的萧何创立了规章制度，萧何死后，曹参做了宰相，仍照着实行。后世以"萧规曹随"比喻按照前任的成规办事。唐太宗时，名相房玄龄多谋，杜如晦善断。两人同心计谋，传为美谈。后世以"房谋杜断"喻指同心协力，配合默契，同掌朝政，谋划国家大事。在这四位"贤相"中，曹参可谓深谙"糊涂"之道。

曹参是继萧何之后的汉朝第二任宰相。他当了宰相之后，就开除了所有精明干练的下属，换上了一批忠厚老实的人，然后他就什么都不干了，只是"日夜饮醇酒"。有些同僚见他这样，就想劝劝他，可是还没等开口，就被曹参拉去喝酒了。而且不喝到酩酊大醉绝不罢休，原打算劝告的人自然一个字也说不出来。

汉惠帝见曹参这样，就私下对曹参的儿子说："你回去问问你父亲，高祖刚刚过世，当今皇帝还年轻，您身为丞相，却整天喝酒，是不是您觉得当今皇帝少不更事，不值得您辅佐呢？"

曹参的儿子回去问了曹参，却挨了二百鞭子，还大怒道："国家大事没你说话的份儿！"

汉惠帝听说这件事后，只好说是自己让曹参的儿子去问的。这时曹参才说："陛下，您自己觉得比高祖如何？"

汉惠帝说："我哪里比得上！"

曹参又问："那您觉得我比萧何如何？"

汉惠帝说："您似乎也比不上。"

曹参这才说道："陛下之言是也。且先帝与萧何定天下，法令既明，今陛下垂拱，参等守职，遵而勿失，不亦可乎？"

曹参整日饮酒，无为而治，看似糊涂，不负责任，然而却正好相反。他正是因为有责任心，才选择做个"糊涂宰相"。他自知跟萧何差太多，萧何既然已经定好了规矩，那么他按照萧何的规矩做，才不会惹出乱子。如果他一定要做出点政绩来，一上来就改弦易辙，恐怕非乱套不可，这才是真正的不负责任。当然，曹参虽"糊涂"，但是却也有标准，即"萧何之规"。如果萧何之后不是曹参做了宰相，萧何终其一生制定的法规，恐怕也不一定会被完整地继承下来。曹参为相3年，朝野赞誉，这无不得益于他的"糊涂"之道。

第六章 中国式沟通应当懂得圆融变通之道

"变"，中国式沟通的不败智慧

中国式沟通是一种圆融变通的方法。中国古代有"以不变应万变，以万变应不变"的说法，说的就是变通。中国人喜欢模棱两可的说话方式，就是要给"变"留余地。可以说，变通正是中国式沟通不败的智慧。

老师和学生坐在一起喝茶。

老师问："茶杯是干什么的？"

学生答："喝水用的。"

老师端起茶杯，喝了一口茶说："也对，也不对。"

学生不解。

老师解释道："在正常的情况下，茶杯是用来喝水的，所以我说'也对'。"

这时，一阵风起，吹起了桌上的讲稿。老师便拿起茶杯压住了乱飞的稿纸，然后笑着对学生说："在特殊情况下，它还可以有别的用途，比如现在我把它当作纸镇。"

老师通过这件事，教给学生的是"变"的智慧。

中国人不喜欢把话说尽，因为说得太尽，就没有了回旋的余地；中国人从来不说"不"，但是他们的"是"，也未必真的就是"是"；中国人不喜欢说话太直白，常常旁征博引、引经据典。有人说中国话是一种模糊的语言，他们说的话，似乎从来不仅仅是字面的意思。中国人为什么会喜欢这么复杂的沟通方式呢？归根结底，是因为中国人具有"善变"的特性。这里说的"变"指的是变通。变通智慧，古已有之。

春秋时期，楚国的宫廷中有个名叫优孟的伶人，他的口才很好，时常劝谏楚庄王。楚庄王有一匹心爱的马，对其十分珍爱。甚至给它穿上华美的衣服，吃蜜饯的枣干，让它住在富丽堂皇的屋子里，睡在挂着帐幔的床上。后来，这匹马因为生活太过优渥而患了肥胖症死掉了。楚庄王非常伤心，决定为爱马办丧事。他要用棺椁盛殓，以大夫的礼仪厚葬它。大臣们纷纷劝谏楚庄王，希望他不要这么做。但是楚庄王却固执己见，最后，他对大臣们说："谁再敢以葬马的事进谏，即刻处以死刑。"

优孟知道了这件事，就到庄王的大殿门前仰面大哭。庄王见了非常惊讶，便问他为什么哭泣。优孟说："这匹马是大王的爱马，就凭楚国的强大，有什么事是做不到的呢？但是，大王却只用大夫的礼仪殡葬它，不是太薄待它了吗！请您用国君的礼仪殡葬它吧。"

楚庄王问："那要怎么做呢？"

优孟说："请给它定做一顶美玉做的棺材，在上面雕上花纹，椁要用密纹的梓木制作，护棺必须要用梗、枫、豫樟等名贵的木材；派军队给它挖墓穴，让百姓给它背土筑坟，还要请齐国、赵国的使臣在前面陪祭，请韩国、魏国的使臣在后面护卫；还要给它建座祠堂，用牛、羊、猪等牲品祭祀，以万户供奉。诸侯们听到这件事，就知道大王重马而轻人了。"

楚庄王听了大骇，说："我竟然错到这个地步了吗？那现在，我该怎么办呢？"

优孟说："请大王下令，按照埋葬畜牲的办法来埋葬它：在地上挖个大灶当棺椁，用铜锅当棺材，用姜枣来调味，用香料来解腥，用稻米作祭品，用火当作衣服，把它安葬在人的肚肠中。"

楚庄王听了优孟的话，觉得非常有道理，就接受的优孟的意见，把死马烹调了，分给众人享用。

优孟的目的同众大臣的目的是一样的，他们都不希望楚庄王被喜好蒙蔽，乱了人伦纲常，给人留下"昏聩"的印象。其他大臣在劝谏时首先否定楚庄王的决定，他们希望楚庄王能"放弃"自己"错"的决定，听取大臣们意见。事实证明，这种批评式的劝谏没什么效果。相比之下，优孟则懂得变通，他不直接否定楚庄王的决定，而是用戏剧性的沟通方式告诉楚庄王"你的决定是多么的荒谬"。强烈的即视感让楚庄王醒悟，从而改变了自己的决定。优孟"以变应不变"，最后终于成功地说服了楚庄王。

淳于髡是战国时期齐国著名的政治家和思想家。有一次，齐威王派他出使楚国，他当时还带了一只黄鹄，希望作为礼物送给楚王。但是不幸的是，黄鹄在途中飞走了。淳于髡只好带着空鸟笼子前往楚国。

淳于髡晋见楚王的时候，这样对楚王说："我受齐王的委托，向您敬献黄鹄。我从水上经过时，不忍见它干渴，就将它放出来喝水。谁知，它竟飞走了。我本想自杀以谢罪，但是又担心别人会非议齐王因鸟事致人自杀。黄鹄是有羽毛的飞禽，有很多相似的鸟类，我本想买一只代替，但是这样做却是在欺骗齐王。我曾想过逃到别的国家去，又担心齐、楚两国君主会因为这件事产生嫌隙，断绝来往，我的罪过就更大了。所以，我是来向大王叩头请罪的。"

楚王听了淳于髡的话，不但没有怪罪他，还称赞他是个忠信的人，并用厚礼赏赐他，而且楚王赏赐淳于髡的财物比齐国赠送的那只黄鹄的价值还要高。

中国式沟通鼓励人们说实话，但是却不鼓励人们说"直话"。淳于髡的话不能说不是实话，只不过他尽量弱化了事实，也就是自己的过错，而将情感放大；他没有为自己说一句话，全都是为了齐国和楚国着想，却巧妙地推卸了不慎让黄鹄走失的责任，他被塑造成一个忠于国君、大公无私的忠信仁义之人，也是个值得敬重的人。

淳于髡实话曲说，不仅为自己开脱了罪责，还赢得了楚王的敬重，改善了齐楚两国的关系，圆满地完成了齐国的嘱托，达成了出使楚国的目的。这就是变通的力量，也是中国式沟通的智慧。

中国式沟通应根据面对的人有所变化

对于如何说服对方听取自己的意见，我国古人早有论述，比如战国纵横家鼻祖"鬼谷子"王诩。他的后学者根据他的言论整理而成的《鬼谷子》一书，又名《捭阖策》，该书中的观点认为：运用所有的手法判断对方心理，进而适时采取适当措施，其手法可说是千变万化。按照这一观点，有人总结为简单的一句话："见人说人话，见鬼说鬼话。"

在现今的社会上生存，因为各自的地位不同、角色不同、性格不同、才能不同，人的心理也就不同。不仅每个人的心理不同，就算是同一个人，在不同的时间、不同的场合、不同的事件中，心理也会产生微妙的变化。因此，在与人沟通的时候，就必须要根据沟通对象的变化，灵活地改变沟通策略。语言的奇妙之处就在于，在不同的情势下面对不同的人，可以选择不同的谈话方式。

尽管语言是玄妙的，但如果沟通对象的倾听能力有限，那么即使说出多么动听的语言，都没办法打动他。如果对方没有欲望听，就算费尽口舌也是白费的，这就是所谓的"对牛弹琴"。所以，沟通的关键除了说，还有听。很多时候，我们愿意与善于倾听的人沟通，因为至少他们愿意听我们说。然而，有的时候，我们没有权利选择沟通对象。所以，对于沟通者来说，见什么人说什么话是必须要修炼的技能。

比如，面对智者，要运用我们的博学；面对愚者，要运用我们的雄辩；面对善辩者，要运用我们的沉默寡言；面对温文尔雅的贵人，要运用我们的威势；面对富人，要运用我们的优越地位；面对穷人，要运用我们的财富；面对勇敢之人，要运用我们的果敢勇毅；面对软弱之人，要运用我们的坚强意志；面对强敌，要运用我们的坚甲利兵等。

春秋时期，郑庄公寤生的母亲姜氏生他的时候，因难产受了很多苦，所以姜氏非常不喜欢他，却宠爱其弟共叔段。郑庄公继承王位后，封其弟段住在一个叫作京的地方，姜氏非常不悦。后来姜氏和共叔段合谋想要篡夺郑庄公的王位，但是没有成功，共叔段自刎而死。郑庄公深怨其母合谋篡位，就把母亲姜氏独自安置在一个叫颍的地方，还发誓说："不及黄泉，无相见也！"

郑国大夫颍考叔是一个正直无私的人，他见郑庄公这样做，就对别人说："母亲虽然有错，但是做儿子却不能这样绝情。我要去劝劝他。"

颍考叔捉了几只鸮鸟去见郑庄公。郑庄公见了，问道："这是什么鸟？"

颍考叔说："这是鹗鸟。此鸟小的时候由母鸟哺喂，长大后就要吃了自己的母亲，是一种不孝的鸟，所以我把它抓来吃。"郑庄公听了没有回应。

这时，仆人端上了一只蒸羊，郑庄公命人送给颍考叔一只羊腿，颍考叔却不食用。他拣了几块好肉用纸包起来，藏在袖内。郑庄公问他做什么，他说："我家中还有一位老母亲。因为我家境贫寒，所以没吃过什么美味，今天我吃到了羊腿，可是母亲却没吃过，我是拿回去给母亲吃的。"

郑庄公叹道："你真是一个孝顺的人。"接着又重重地叹了口气。

颍考叔问："您为何叹气呢？"

郑庄公道："你能够在母亲身前尽孝，我虽贵为诸侯，却还不如你。"

颍考叔装作不知情地问："姜夫人不是健在吗？你怎么说没有机会尽孝呢？"

郑庄公这时才说："当初我因一时的气愤，发誓不到黄泉不见母。现在后悔也来不及了。"

颍考叔连忙说："我有一个主意，能让您不违背自己的誓言，却能与母亲团圆。您命人挖一条地道，把姜夫人安置在里面，您可以到那里去见母亲。这样不就能两全其美了吗？"

郑庄公听了大喜，立即派人去办理此事。

颍考叔为什么能说服郑庄公？有几点非常重要。

首先，他认真揣摩了郑庄公的心理。中国自古以来崇尚"儿不嫌母丑，狗不嫌家贫"，没有哪个儿子会永远记恨自己的母亲。当初郑庄公之所以会立下毒誓，很大程度上是被怨恨蒙蔽了心，等恨意随着时间慢慢退去之后，他就开始悔恨了。但是身为国君，他又做不到毁誓食言，所以只能忍受思母之痛。颍考叔猜中了郑庄公犹豫的心理，这是他成功说服的前提。

其次，颍考叔选对了沟通方式。他没有一上来直接就劝郑庄公，而是利用其他的话题，循序渐进地引出主题，从而让劝谏变得像谈话一样自然。

最后，颖考叔说服郑庄公最后，给出了解决方案。在与郑庄公的沟通中，颖考叔了解到，郑庄公不是不想尽孝，而是苦于没有两全其美的方法。所以他投其所好，给出了方案，替他解决了难题，成功地说服了郑庄公。

由此可见，沟通的成败关键在于能否针对具体的人和不同情况而有所变化。人的复杂性决定了采取沟通策略的多变性。对于人的复杂性，沟通专家们通过分析人们的性格特点，归纳出五种不容易沟通的人，分别是凶悍派、逃避派、龟缩派、高姿态派和两极派。当面对这五种人时，以下策略可以"攻克"他们：

面对凶悍派，要让他们知道自己底线在哪里，最好能吓醒他们，引起他们的注意。威吓他们的目的不是惩罚他们，而是要告诉他们，已经忍到极限了。要提醒对方收敛火气，并建议双方能够进行建设性的沟通。最重要的是要找到进一步谈话的方向，给对方铺好台阶，让谈话继续下去。

面对逃避派和龟缩派，要尽量安抚他们的情绪，了解他们恐惧的原因非常重要，尽量避开引起他们恐慌的因素，比如更换谈话时间或地点，让他们产生安全感。

凶悍派、高姿态派、两极派的共同特点是强迫别人接受他们的条件。所以在和这样的人沟通时，一定要坚持按规矩办事，拒绝逼迫，坚持公正。当觉得自己被强硬逼迫的时候，要表明个人的态度，可以说："你为什么要这样做？请给出我合理的理由，否则我不会接受你的要求。"学会使用"沉默是金"的策略。比如，可以告诉他："我想现在我们不适合讨论这个话题，让我们冷静一下。"

在沟通过程中，当对方提出极端要求的时候，改变话题。可以装作没听见或者没听懂对方的意思，装装糊涂，然后转移话题。当接受批评时，不要被对方牵着一直认错，试着把话题引到"针对你的批评，我们应该怎么改进呢"这方面的话题上。

同时，最好不要站在自己的立场上辩解。最好的避免对方攻击自己的方法是多向对方问问题。学会通过问题获得信息，一般问"什么"，答案多半是事实；问"为什么"，答案多半是意见，很多时候，里面会含有情绪信息。

中国式沟通应根据面临的事而变化

"好消息和坏消息你要先听哪个"是一个非常经典的玩笑，也是一个轻松有趣的开场话题。当想要和对方沟通，但是又不知道如何引入话题时，可以选择轻松有趣的方式开场。

例如，一个律师，受委托人的指派，去跟委托人的丈夫讨论他们的离婚官司。一见面就开门见山地讨论这个问题似乎有点尴尬，而且这又是件令人难过的事，所以应该选择用一种轻松的方式开场。当坐在委托人丈夫的对面时，不妨这样对他说："我给你带来了一个好消息和一个坏消息，你希望先听哪个？"对方回答："先说说好的吧。"你说："您夫人发现了一张价值50万元的照片。"对方很高兴，又问："那坏消息呢？""那是你和你秘书的亲密照片。"说到这里，希望谈论的主题已经出现了。并且，已经通过之前的谈话向对方透露了一些信息：委托人的妻子已经发现了外遇的事情，而且她手中握着证据。无论从哪方面看，这都是一个不错的开场。

但是，在有些事情上，这个开场却不那么受欢迎。例如在医院，如果一个病人，当他怀着忐忑的心情去拿检查结果时，医生对病人说："我有一个好消息和一个坏消息，你想先听哪一个？"其此时的心情绝对会非常糟糕，甚至会和这个医生发生争执。也许医生只是想让气氛变得轻松一点，但是病人却无法感受他的用意。

事实上，中国式沟通的变通之术还表现在沟通内容上，面对不同的事情，要使用不同的沟通方法。

小张曾经借给大学同学钱，而且他的同学还给他打了借条。但是在还款期限临近之时，小张却忽然发现，那张借条丢失了。小张只记得当初借给同学 2 万元，可是现在借条丢了，同学还会不会承认这笔借款呢？小张非常着急。

小张的一个朋友知道了这件事，就给他出主意说："你写封信给你那个同学，让对方在约定的时间把你借给他的钱还给你。"小张非常不解，但还是按照朋友的办法做了。

很快，小张就收到了同学的回信。对方在信中写道："我向你借的 2 万元，一定会按照约定还给你的，请你放心吧！"最后，小张的同学按时还了钱。

如果按照正常的思维分析，小张在催款时的沟通是不对等的，因为他们彼此知道的信息量不同，显然小张隐瞒了同学一个重要的信息——借条丢失了。但是小张与同学的沟通却是成功的，小张通过沟通达成了自己的目标——要回自己的钱。所以说，中国式沟通是变通的沟通，当面对不同的事情时，也需相应地改变沟通的方式。不要拘泥于常规的思路，打破常规，才能找出新的方法。

按照道理说，做人应该诚实，说谎是不好的。但是在特殊情况下，人们却不得不说谎，人们称之为"白色谎言"。在佛教中，谎言又被称为"妄语"，妄语分为三类：大妄语、小妄语和方便妄语。大妄语是没有成佛却宣称已经成佛，欺骗信徒，得到供养和恭敬，这是罪大恶极的，所以不能说；小妄语是没有经历过却说经历过，没有听到过却说听到过，这种损人利己或损人不利己的妄语也是不该说的；方便妄语也就是白色谎言，这种妄语不仅不会伤害别人，还有可能会帮助、劝诱别人，是人免于难堪，甚至感到愉悦，这种妄语只要不过分夸大其词，一般是可以接受的。

比如，自己的亲人或朋友患了绝症，为了不让他有太多的心理负担，人们一般都会"欺骗"他，告诉他只要听医生的话，配合治疗，就一定能痊愈。这种情况下，我们需要这样的"白色谎言"。如果有人被追杀，正好逃到了你的家里，歹徒追到这里，问你有没有看到有人跑到这，你会怎么回答？即使再正直的人，恐怕也不会实话实说的。

其实，在我们的日常生活中，或多或少都需要我们说一点"白色谎言"。在某些情况下，心直口快的人总会不自觉地伤害对方，所以为了尊重和礼节，我们不得不在说话前谨慎思考，要不要对他说谎。

另外，说话的时机也很重要，语言只有在恰当的时机说出来才会发挥最强的力量。沟通的内容不同，沟通的对象不同，沟通对象的心情不同，说话的最佳时机也不一样。如何拿捏好时机，就要看沟通者自己的智慧了。实际上语言并没有好坏之分，只要使用得当，就能助你沟通顺利；反之则会令人徒生烦恼。

中国式沟通应依据所处的环境而变化

有些人非常善于言谈，但还是会被贴上"不会说话"的标签，这是为什么？因为他们说话常常喜欢随心所欲、信口开河，无论什么场合，没有任何顾忌，想到什么就说什么。这是一种非常拙劣的说话方式，也有些人称之为"没眼色"。真正会说话的人，除了会顾及说话的对象，还会顾及说话的场合。

什么场合说什么话，是中国式沟通中的应变智慧。同样的话，在这个场合能说，在另一个场合就不能说。而在相同的场合，用不同的方式说话，也会收到不一样的效果。例如在婚礼、节日、宴会等喜庆的场合，轻松、明快、诙谐、幽默的语言能烘托出欢快的气氛，而悲伤、哀怨的语言则会让大家扫兴。

众所周知，徐志摩和陆小曼是因婚外情走到一起的。在那个年代，他们的行为难免遭人议论，其中，梁启超对这件事就颇有微词。在徐志摩和陆小曼的婚礼上，梁启超在致辞中这样说："徐志摩先生性情浮躁，所以学问上难有成就。其次，用情不专，以致离婚再娶……从今以后，要痛改前非，重新做人！你们俩都是离婚而又再婚的人，要痛自悔悟！祝你们今天是最后一次结婚！"

致辞结束，徐志摩和陆小曼的脸色都非常不好看，宾客们也面面相觑，不知梁启超为什么在别人的婚礼上说出这么一番话来。

作为著名的学者和徐志摩的前辈，梁启超提点劝诫也属常理。梁启超这样做或许是源于爱之心切，是想通过这样的刺激性话语，让徐志摩珍惜这段姻缘。不过，如果单从沟通的角度来讲，这种批评别人的话最好私下单独跟对方讲，在别人婚礼这么隆重喜庆的环境里，训诫他们的道德伦理难免会显得不近人情。

说话分清场合、对象和周围的气氛是非常重要的。身为职场人士，办公室是最重要的社交场合。那么在办公室中与同事沟通应该注意些什么呢？

首先，与同事沟通要好话好说，不要把"谈话"变成"辩论"。在办公室里与人沟通，态度最重要，具有亲和力的人总是会被大家喜欢。即使你的职位较高，也要注意说话的口气，命令的口吻难免让人产生反感，友善和气才能让人倍感亲切。比如与人说话时，不要用手指着对方，因为这种侮辱性的手势会让他觉得你很没有礼貌。所谓"众口难调"，大家很有可能对某件事具有不同的看法，这个时候最好闭上嘴巴保留意见，争辩只能把事情变得更糟。尤其是那些原则性不很强的问题，认为真的有必要争个高低上下吗？如果你的口才很好，请在客户谈判中发挥辩才，这样至少能赢得利益。和同事辩论，只能让他们对你敬而远之。

其次，要学会说自己的话，人云亦云只会成为别人的影子。聪明的老板大多会赏识具有主见、会自己思考的员工。如果总是重复别人说过的话，那么就很容易被别人忽视，因为没有人会关注"影子"的想法。不管在公司的地位如何，在职的时间长短，都应在恰当的时候发出自己的声音，说出自己的想法，提升存在感。只有这样才能被人重视。

再次，办公室不是炫耀的场所，骄傲的孔雀会让人反感。你可能是公司的技术骨干，也可能是办公室里的"红人"，你可能被老板看重赏识，但是，这些能成为炫耀的资本吗？要知道强中更有强中手，如果哪天来了个比你更加优秀的人，说不定你就会成为同事们闲暇时新的笑料。职业生涯犹如崖边行走，大起大落在所难免，所以更应该小心谨慎。此外，热衷炫耀还有另一个隐患，那就是可能引来别人的怨恨。当你在众多候选者中脱颖而出，成为年度最佳员工，获得丰厚奖励时；当你在职位竞争中战胜对手，顺利升迁时，一定不要像骄傲的孔雀一样到处炫耀。因为你在收获祝贺的同时，一定也收获了嫉恨。不要对此进行否认，因为人性从来不是那么纯净。

最后，要记住，办公室是工作的地方，而不是互诉心事的心理诊所。几乎每一间办公室中都有那么几个特别喜欢聊天的人。他们一般个性直率，心无城府，而且还喜欢跟人倾吐苦水。可能觉得他们很亲切，很友善，因为他们确实知道说什么能快速拉近彼此的距离。据研究表明，世界上只有1%的人能够严守秘密，所以最好不要在办公室谈论自己的私事，因为那里是流言传播最快的地方。如果在工作中遇到了困难，在办公室中谈论没什么问题，但是切记不要向同事倾诉对公司、对领导的意见和看法，因为同事间的关系错综复杂，很可能弄不清谁跟谁的关系会更亲近。一个成功的职场人不会是一个"直率"的人。

总之，做一个"有眼色"的人，记住所处的环境，看清"人头"，懂得"分寸"，更重要的是说话得体。语言的艺术除了说的话，还有态度以及肢体语言，懂得语言的艺术，职场生涯会更加成功！

中国式沟通应根据对方的变化而变化

汉武帝有一个妹妹叫隆虑公主，她的儿子昭平君娶了汉武帝的女儿夷安公主。昭平君平日飞扬跋扈，经常犯错，隆虑公主很是担心。隆虑公主临终前，担心自己死后昭平君会犯死罪，就拿出金千斤钱千万，向汉武帝预赎他死罪，汉武帝答应了。

知子莫若母，隆虑公主死后，昭平君果然更加肆无忌惮了，竟在酒醉后杀死了夷安公主的傅母。按照汉朝的法律，杀人者是要以命抵命的。但是因隆虑公主曾替他预赎过死罪，所以朝中大臣都不敢斩他。于是有司将这件事禀报给了汉武帝。

汉武帝知道后流着泪叹息说："我妹妹只有一个儿子，她死前又将儿子托付给我。但是国家的律法是祖先定下的，我不能因私情罔顾法律，辜负天下万民，否则怎有颜面进高庙见祖先！"看着汉武帝悲伤的表情，大臣们也为之伤心。

然而，东方朔此时却没有哀伤的表情。他端着酒杯向汉武帝祝寿。说："我听说圣明的君王治理国家，赏不避仇，杀不择骨。古书上说，这是'不偏不党，王道荡荡'。这两件事是'五帝'所推崇的，'三皇'也做不到这个程度，但是陛下却做到了。现在，天下百姓都能各得其所，这是值得庆幸的事情。如今，我手捧酒杯，冒死再拜，恭祝皇上千秋万岁。"汉武帝听了没说什么，只是站起身回了内宫。

当天傍晚，汉武帝召见东方朔，对他说："《传》曰：看准时机后再说话，别人才不会讨厌。今天先生给我祝寿，是看准时机了吗?"

东方朔立即摘下帽子，跪地请罪道："我听说，人太高兴了就会阳溢，太伤心了就会阴损。阴阳变化就会心气动荡，心气动荡就会精神分散。精神一散，就容易邪气侵入。我知道酒可以消除愁闷，所以才用酒向皇上祝寿，一是替陛下止哀，二是表明陛下刚正不阿。臣不知忌讳，罪该死。"

汉武帝听了觉得很有道理。当时东方朔因犯错而被免冠，通过这件事，汉武帝又恢复了官职，还赐他一百匹帛。

东方朔放浪不羁，常说诙谐之言取乐汉武帝。在汉武帝哀伤之时，他不劝慰皇帝的哀情，反而趁着酒醉向他祝寿恭喜，将皇帝的哀情转化成了怒意。接着他又向皇帝伏地认错，字字句句为其着想。东方朔根据汉武帝前后两种不同的心情，运用不同的劝谏方式，成功消除了汉武帝愁闷的心情，得到了皇帝的赏赐。

在沟通的过程中，人的情绪发生变化，接受程度也会改变。心情愉悦时说得通的事情，心情不好时却未必肯听。东方朔根据汉武帝情绪的变化，改变沟通方式，取得了成功。

我们再来看下面这个例子。

有个穷人走到一个餐馆前看到一个富人正在吃饭。穷人饥肠辘辘，但是却没钱吃饭，所以他就想从富人那里讨点吃的。他走到富人面前说："我和你是同一个城镇出来的，现在要到北边去。"

富人离开家乡很久了，如今在异乡遇到了老乡，倍感亲切。他欣喜地对穷人说："这真是太好了，那你知道我家里的情况吗？我的孩子好吗？我的妻子好吗？"

穷人不过是想跟富人套个近乎，怎么会知道他家的情况呢？但是他想，一般人都是喜欢听好话的吧，所以他对富人说："佛祖保佑，你的孩子很好，你的妻子也很好。"

富人又问："那么，我的房子、我的马和我的狗呢？"

穷人回答："马养得很好，狗还是在看守着你的大房子。"

富人听了很高兴，"呼噜呼噜"自顾自地吃得高兴，不再理会穷人。

穷人很生气，他说了一车的好话，富人竟然连口饭都不给。突然，一只野兔从穷人的眼前跳了过去，穷人转了转眼睛，想出了个好主意。

穷人假装唉声叹气地说："哎！可惜，幸福的时光总是容易消失，就像刚才那只兔子一样，还没来得及享受，它就一去不复返了。"

富人感到很疑惑，不知穷人为什么难过。这时穷人接着说："如果你的狗还在的话，这只野兔哪还能逃脱呢？"

富人大惊："你说什么？我的狗死了？"

穷人说："是呀。它是被你的马肉给撑死的。"

富人不在吃饭，他说："难道我的马也死了？"

穷人低声回答："是这样的，人们杀死了你的马。因为他们需要卖掉它来安葬你的妻子。"

富人大叫："我的妻子也死了？"

穷人长叹一声："哎！她是为你孩子伤心死的。"

富人声嘶力竭地喊："我的孩子怎么了？"

穷人悲痛地回答："你家房子倒了，把你的孩子压死了。"

还没等穷人说完，富人就冲了出去，他骑上马，急匆匆地回家了。

这时，穷人拿起筷子，开始美滋滋地享受桌上的美食。

穷人通过改变富人的心情，引开他的注意力。而富人因为心情瞬间的大起大落，也无暇去仔细思考穷人说话内容的真假。穷人通过改变富人的心情达到了自己的目的，得到了果腹的美食。

借古鉴今，我们也可以通过改变对方的心情，达成希望的结果，这就是中国式沟通，其变通之处就在于可以灵活掌握说话的主动权，将谈话的内容向四面发放展开。又因为中国话一般都有"表面"和"内在"两种含义，就算说出去的话，想要曲解甚至颠覆也不是不可能的。因此，学习中国式沟通，就不得不先学会"变"的艺术。

事实上，没有一种沟通方式是能百分之百成功的，当沟通对象不同、沟通的内容不同、沟通的环境不同时，也应该选择恰当的方式进行沟通。只有选对了沟通方式，才能将信息有效地传达给对方，最终沟通成功，达成自己的目标。

记住，用对方式才能有效沟通

有句话说："不管黑猫还是白猫，抓到耗子就是好猫。"实际上，沟通也是如此，不论用什么方式，有效沟通才有意义。让沟通变得有效需要用一点智慧。

西晋初年有个叫许允的读书人，他经媒人介绍娶了个妻子。新婚之夜，许允送走了宾客，就高高兴兴地进入洞房。可是，当他挑起了新娘的盖头，却大失所望。原来，新娘子不但不漂亮，还是个"丑无盐"。无盐名叫钟离春，相传为齐国无盐邑人，世称无盐女，其状貌丑陋无比，年四十而未嫁。许允见自己的新娘丑如无盐一般，感到很扫兴，转身就要离开洞房。

新娘子见丈夫看见自己就要走，连忙抓住他的衣襟，问道："新婚之夜，夫君因何不悦呢？"

许允不答反问道："你知道好妻子的标准是什么吗？"

新娘子颇有点自知之明，知道自己长得不好看，现在又听丈夫这么问，便知是丈夫嫌她丑。但是两人已经成婚，若遭到丈夫遗弃会非常悲惨，要怎么说服丈夫，让他留下来呢？新娘子很聪明，她马上就想到了一个好主意。她先顺从地回答许允的问题，说："关于什么是好妻子，古人的标准是孝顺老人，尊重丈夫，说话和气，干活利索，相貌端正。只是相貌是父母给的，我也没办法啊。"

新娘子说完，许允沉默不语。新娘子见丈夫不说话，又反问丈夫说："夫君饱读诗书，想必一定知晓一个人应有的好品德吧？"

许允哼了一声回答道:"岂止是知道,这些品德我都具备。"

新娘子微笑道:"以我所知,君子的品德之一就是看人要重'德',可夫君现在却以貌取人,不就是重貌轻德吗?如此,怎么能说都具备呢?"

许允被说得面红耳赤、哑口无言。许允自知理亏,也不敢到外面去了。

后来,许允和妻子一起生活了一段时间后,他发现妻子确实是个有见识、有才干的女子,这才开始由衷地敬重她,再也不嫌弃妻子的相貌了。

一般情况下,人们都会对自己的话深信不疑,所以与其引经据典地说服对方,不如用他自己的话说来服他更加有效。许允的妻子在与丈夫的沟通中巧妙地设计问题,将丈夫不知不觉地引入自己设好的话题布局里,循循善诱地引导他回答自己希望得到的答案,让对话向着自己的预想方向发展,最后"以子之矛,攻子之盾",用丈夫自己说出的话质疑他的行为,最终达到了自己的目的。

为了实现有效沟通而采取适当的方式,其实涉及许多心理问题。在这之中,心理上的亲和是有效沟通的前提,也是说服对方的开始。与人沟通时,赞美对方可以拉近心理距离,因此千万不要吝惜赞美。

俗话说:"千穿万穿,马屁不穿。"这句话听起来粗鄙,而且带着讽刺的意味,但不可否认其正确性。现实中,一说起拍马屁,人们多会流露出鄙视的目光。然而,如果马屁拍得好,拍得文雅,拍得不着痕迹,就是恭维,就是赞美。

战国时期,秦国有个叫中期的大臣,他非常擅长把难以启齿的话说巧妙地说出来。有一天,秦王召他进宫一起商讨政事,结果他却把秦王驳斥得体无完肤。秦王大怒,心想:我是一国之君,你却一点都不顾及我的脸面,也太目中无人了!可是中期却对秦王的愤怒不理不睬,慢慢悠悠地出宫去了。秦王看到中期无所谓的态度,恨恨地说:"不杀你这贼子,我誓不罢休!"

中期回到家中，就找来了一位朋友，他拜托朋友进宫劝说秦王。

那位朋友进了宫，按照之前中期的指示说："中期真是个粗鄙之人！刚才中期那样忤逆大王，大王却没有责怪他，那是他遇到了圣明的君主啊！假如他遇到的是像夏桀一样的暴君，早就把他杀了。我一定会向百姓宣传这件事，让人们都知道大王是一位胸襟宽阔、礼贤下士的圣明君主！"

朋友的几句话把秦王说的飘飘然了，他高兴地说："先生过奖了，中期说的话非常有道理，我还要奖赏他呢！"

在这个故事中，中期一开始就面临着不敬不忠的两难境况：若在政事上据理力争，就会得罪秦王，对国君不敬；若在政事上妥协，又对国家和国君不利，也就是不忠。不敬将面临斩首的危险，不忠将有愧于国家。但是中期的高明之处在于，他在原则性问题上毫不让步，但是却懂得在危险来临时如何用赞美之词让自己避开灾祸。这样一顶一赞之间，既有效地传达了自己在政事上的立场，又能令自己全身而退，完美地达成了有效沟通的目标。

事实上，越是身居高位的人越喜欢别人的赞美和称誉。因为高处不胜寒，在高处坐久了，难免就有产生唯我独尊的心理。下属的赞誉恰好能够迎合高位者这种自大的心理，所以用赞美之词说出来的话，他们也比较容易听得进去。

总之，谁都喜欢听溢美之词，为了在沟通中达成目标，赞美也是一种有效的手段。无数事实证明，学会赞美，在实现有效沟通的过程中具有普遍意义。

第七章 中国式沟通强调必须保持应有的礼仪

"礼仪"，中国式沟通的人性内核

我国是一个历史悠久的文明古国，素有"礼仪之邦"的美誉。讲"礼"、懂"仪"是中华民族世代相传的优良传统。随着时代的进步，在沟通领域，人际交往的日趋频繁和密切，作为交往"润滑剂"的礼仪也愈加显得重要。礼仪是传统礼仪文化在中国式沟通过程中散发的人性光辉，可以毫不夸张地说，"礼仪"是中国式沟通的人性内核。

中国式沟通十分注重礼仪。礼仪的"礼"字，它的含义是尊重，即在人际交往中既要尊重自己，也要尊重别人。古人讲"礼仪者敬人也"，实际上是一种待人接物的基本要求，相当于现代人通常说"礼多人不怪"，如果你重视别人，别人可能就重视你。礼仪的"仪"字顾名思义，仪者仪式也，即尊重自己、尊重别人的表现形式。

礼仪之所以是中国式沟通的人性内核，是因为人们普遍认为，礼仪应该体现在沟通过程的方方面面。

一是尊重他人想法的礼仪。心理学家发现，所有人都会在他们的观念和看法上保持某种程度的一致性。人性不能保证绝对的正义清白，善恶取决于所处的立场和位置。即使是生活中极为亲密的两个人，他们所观察到的、注意到的甚至记住的事情都不一样。因此，沟通的礼仪强调的是尊重他人的想法，其实这也是传统礼仪文化中人性的体现。

二是不攻击，不说教，绝不出口恶言的礼仪。中国式沟通注重让对方开心，进而融洽地达到双方的目的，而不是逞口舌之快，把对方驳得体无完肤。因此，中国式沟通主张多鼓励，欣赏对方，尽量不要直接批评别人。抱怨、攻击、责备、批评等这些都是沟通的刽子手，只会使事情恶化。

三是换位思考的礼仪。当我们希望改善同别人的关系时，通常会要求对方做出改变"他们应该做什么？"反过来，如果我们换位考虑问题，能够理解对方的观点、兴趣、价值所在，那么双方达成有效沟通的可能性很大。其实，在我们试图要求对方改变时，应当先问自己，我们自己能做些什么来改善这种关系。

四是理性沟通，不被激烈的情绪干扰的礼仪。情感在不同程度上影响了人与人之间的一切交往。它影响了我们的观点和行为。一方面，情感作为人与人之间关系的推进剂能够帮助我们了解自己和别人；另一方面，任何机动情绪一旦控制了我们的行为，就会破坏上方沟通解决问题的能力。从这个意义上讲，掌控情绪在沟通中尤为必要。

五是做决定前倾听他人想法的礼仪。协商并不要求双方取得一致意见，或者一方放弃决定权。但在做出决定后才告知对方显然是不对的，而是应该将待定的事情告诉对方，征求并听取对方的意见和观点，并在做决定时将这些意见考虑进去。

六是有分歧时应该说服而不是强制的礼仪。强制手段会破坏双方的关系。也许一时占据上风，但却破坏了彼此之间已经建立起来的真诚理解、有效沟通和相互信任。通过说服别人达成的协议容易得到贯彻，而以强制手段取得的一致意见易于瓦解。

七是尊重并接受与你有分歧的人的礼仪。我们在意、关注对方，愿意倾听对方的意见，愿意同对方合作，目的是为了解决问题。但我们也没有必要对对方的错误行径视而不见。无论我们对对方的行为有多么不满意，也没有必要将对方看得一无是处。我们还要同对方合作解决分歧，所以我们不能将对方视作卑鄙小人或当蚊子那样一巴掌拍死。

总之，沟通时讲究礼仪，目的是保持结果的公平性，从而实现达到有效沟通。讲究沟通礼仪及其规范，可以有效地展现一个人的教养、风度与魅力，更好地体现一个人对他人和社会的认知水平和尊重程度，从而使个人的学识、修养和价值得到社会的认可和尊重。适度、恰当的礼仪不仅能给公众以可亲可敬、可合作、可交往的信任和欲望，而且会使与公众的合作过程充满和谐与成功。

礼仪从注重自己的外在仪表开始

中国有"文质彬彬，而后君子"的古训，仪表是个人涵养的外在表现。打眼一看，穿着是否得体，举止是否有度，反映出一个人的精神面貌。在日常交往中，仪表是人们交往中的"第一形象"，是一张没有文字却形象生动的名片。因此，讲究沟通礼仪，应该从注重自己的外在仪表开始。

仪表是指人的外表，包括容貌、姿态、风度等。个人仪表是其他一切礼仪的基础，是一个人性格、品质、情趣、素养、精神世界和生活习惯的外在表现。下面从仪表仪态礼仪、服饰礼仪、仪表礼仪注意事项三个方面，讨论如何做到"整洁清爽、端庄大方"的仪表规范。

1. 仪表仪态礼仪

仪表仪态礼仪包括头部、手部的修饰，以及站姿、坐姿、走姿等几个方面。

头发要保持清洁，修饰得体，发型与本人自身条件、身份和工作性质相适宜。男士应每天修面剃须。女士化妆要简约、清丽、素雅，避免过量使用芳香型化妆品，避免当众化妆或补妆。手部保持清洁，在正式的场合忌有长指甲。

站姿的总体要求是挺直、舒展，手臂自然下垂。正式场合不应将手插在裤袋里或交叉在胸前，不要有下意识的小动作。女性站立时双腿要基本并拢，脚位应与服装相适应。穿紧身短裙时，脚跟靠近，脚尖分开呈"V"状或"Y"状；穿礼服或者旗袍时，可双脚微分。

坐姿的总体要求是，入座时动作应轻而缓，轻松自然，不可随意拖拉椅凳，从椅子的左侧入座，沉着安静地坐下。女士着裙装入座时，应将裙子后片拢一下，并膝或双腿交叉向后，保持上身端正，肩部放松，双手放在膝盖或椅子扶手上。男士可以微分双腿（一般不要超过肩宽），双手自然放在膝盖或椅子扶手上。离座时，应请身份高者先离开。离座时动作轻缓，不发出声响，从座位的左侧离开，站好再走，保持体态轻盈、稳重。

走姿的总体要求是，行走时应抬头，身体重心稍向前倾，挺胸收腹，上体正直，双肩放松，两臂自然前后摆动，脚步轻而稳，目光自然，不东张西望。遵守行路规则，行人之间互相礼让。如果三人并行，老人、妇幼走在中间。男女一起走时，男士一般走在外侧。走路时避免吃东西或抽烟。遇到熟人应主动打招呼或问候，若需交谈，应靠路边站立，不要妨碍交通。

2. 服饰礼仪

服饰礼仪包括服饰的总体要求、男士着装、女士着装，以及如何佩戴饰物等几个方面。

服饰是一种文化，反映一个民族的文化素养、精神面貌和物质文明发展的程度；着装是一门艺术，正确得体的着装，能体现个人良好的精神面貌、文化修养和审美情趣。公务场合着装要端庄大方；参加宴会、舞会等应酬交际着装应突出时尚个性；休闲场合穿着舒适自然。全身衣着一般不超过 3 种颜色。

男士穿着西装时务必整洁、笔挺。正式场合应穿着统一面料、统一颜色的套装，内穿单色衬衫，打领带，穿深色皮鞋。三件套的西装，在正式场合下不能脱外套。按照国家惯例，西装里不穿毛背心和毛衣，在我国最多只加一件"V"字领毛衣，以保持西装线条美。

男士的衬衫领子要挺括，不可有污垢、污渍。衬衫下摆要塞进裤子里，系好领口和袖扣，衬衫领口和袖口要长于西服上装领口和袖口 1~2 厘米，以显有层次感，衬衫里面的内衣领口和袖口不能外露。

男士的领带结要饱满，与衬衫领口要吻合。领带的长度以系好后大箭头垂到皮带扣为宜。西装穿着系纽扣时，领带夹夹在衬衫的第三颗和第四颗纽扣之间。

男士穿西装一定要穿皮鞋，鞋的颜色不应浅于裤子。黑皮鞋可以配黑色、灰色、藏青色西服，深棕色鞋子配黄褐色或米色西服，鞋要上油擦亮。袜子一般应选择黑色、棕色或藏青色，与长裤颜色相配，任何时候，忌黑皮鞋配白袜子。

女士着装应舒适方便，并与具体的职业分类相吻合。当然也应该适当显示出女性特有的形体之美。在办公室环境下，办公室服饰的色彩不宜过于夺目，应尽量考虑与办公室色调、气氛相和谐。袒露、花哨、反光的服饰是办公室所忌用的。较为正式的场合，应选择女性正式的职业套装；较为宽松的职业环境，可选择造型感稳定、线条感明快、富有质感和挺感的服饰。服装的质地应尽可能考究，不易皱褶。

女士穿裙子时，袜子的颜色应与裙子的颜色相协调，袜子口避免露在裙子外面。年轻女性的短裙至膝盖上 3~6 厘米，中老年女性的裙子要及膝下 3 厘米左右。鞋子要舒适、方便、协调而不失文雅。

佩戴饰物要考虑人、环境、心情、服饰风格等诸多因素间的关系，力求整体搭配协调。遵守以少为佳、同质同色、符合身份的原则。

男士只能佩戴戒指、领饰、项链等，注重少而精，以显阳刚之气。女性饰物种类繁多，选择范围比较广，饰物的佩戴要与体形、发型、脸形、肤色、服装和工作性质相协调。吊唁时只能戴结婚戒指、珍珠项链和素色饰物。

3. 仪表礼仪

仪表礼仪注意事项主要是三点：一是注重仪表的协调；二是仪表应注意色彩的搭配；三是仪表应注意场合。

在仪表的协调方面，不同年龄的人有不同的穿着要求，年轻人应穿着鲜艳、活泼，随意一些，体现出年轻人的朝气和蓬勃向上的青春之美。而中老年人的着装则要注意庄重、雅致、整洁，体现出成熟和稳重。对于不同体形，不同肤色的人，就应考虑到扬长避短，选择合适的服饰。职业的差异对于仪表的协调也非常重要。比如，教师的仪表应庄重，学生的仪表应大方整洁，医生的穿着也要力求显得稳重而富有经验。当然，仪表也要与环境相适应，在办公室的仪表与在外出旅游时的仪表当然不会相同。

在色彩的搭配方面，首先，要懂得一些关于色彩的知识，暖色调（红、橙、黄等）给人以温和、华贵的感觉，冷色调（紫、蓝、绿等）往往使人感到凉爽、恬静、安宁、友好，中和色（白、黑、灰等）给人平和、稳重、可靠的感觉，是最常见的工作服装用色。其次，在掌握了色彩知识后，选择服装、饰物的色彩时就应考虑到各种色调的协调与肤色，选定合适的着装、饰物。

在仪表场合方面，应该根据不同的场合来进行着装。喜庆场合，庄重场合及悲伤场合应注意有不同的服装，要遵循不同的规范与风俗。

总之，注重仪表礼仪会表现出一种和谐，这种和谐能给人以美感，也能在与人沟通的过程中开启一个良好的开端。

掌握语言礼节，奠定有效沟通基础

礼节是人和人交往的礼仪规矩。在日常生活中，礼节涉及很多方面，比如见面礼节、宴请礼节、办公礼节、语言礼节等。在这之中，与人交谈的语言礼节在人际交往中占据着最重要的位置，它是实现有效沟通的基础，能够帮助我们获得良好交往的开端。因此，了解交谈过程中语言礼仪，对我们顺利进行下一步沟通有莫大的帮助。

在中国式沟通过程中，遵循语言礼节需要注意以下原则和重点：

一是做自我介绍。一般人在沟通过程中，第一句交谈是最不容易的，因为彼此不熟悉对方，不知对方的性格、嗜好和品性，又受时间的限制，不容许多作了解或考虑。对于新的交谈对象，不妨先自我介绍，尔后用提问的方式进行试探。比如说："您好，我叫李明，是前台接待员，您家里的房子是要装修吗？"不论问得对不对，总可引起方的话题。问得对，可依原意急转直下，问得不对的，根据对方的解释又可顺水推舟，在对方的话题上畅谈下去。

二是多倾听。谈话本身包括说和听，不要口若悬河地垄断整个谈话，要给对方发表意见的机会，因此要注意多倾听，做个忠实的听众。要全神贯注地聆听对方的讲话，不要轻易打断对方的谈话，以示尊重对方。例如，设计师只有通过仔细聆听客户的讲话，才能更透彻地了解客户的需求，这样才能设计出让客户满意的作品。

三是与人保持适当的距离。说话通常是为了与别人沟通思想，要达到这一目的，首先当然必须注意说话的内容，其次也必须注意说话时声音的轻重，使对话者能够听明白。这样在说话时必须注意保持与对话者的距离。说话时与人保持适当距离也并非完全出于考虑对方能否听清自己的说话，另外，从礼仪上说，说话时与对方离得过远，会使对话者误以为你不愿向他表示友好和亲近，这显然是失礼的。然而如果在较近的距离和人交谈，稍有不慎就会把口沫溅在别人脸上，这是最令人讨厌的。

与人保持适当的距离，主要是受到双方关系状况的决定、制约，同时也受到交往的内容、交往的环境以及不同文化、心理特征、性别差异等因素影响。有的学者提出了四种不同的距离：亲密距离、个人距离、社交距离和公众距离。亲密距离在15厘米之内或15~46厘米，是人际交往的最小距离，适于亲朋、夫妻和恋人之间拥抱、搂吻，但不适宜在社交场合、大庭广众面前出面。个人距离在0.46~0.76厘米，适合握手、相互交谈；其远段距离在0.76厘米~1.2米，普遍适用于公开的社交场合，这段距离可以使别人自由进入这个交往空间交往。社交距离主要适合于礼节性或社交性的正式交往。其近段为1.2~2.1米，多用于商务洽谈、接见来访或同事交谈等。远段在2.1~

3.6 米，适合于同陌生人进行一般性交往，也适合领导同下属的正式谈话，高级官员的会谈及较重要的贸易谈判。公众距离近段在 3.6~7.6 米，远段则在 7.6 米以外，它适合于做报告、演讲等场合。

四是及时肯定对方。在谈话过程中，当双方的观点出现类似或基本一致的情况时，谈话者应迅速抓住时机，用溢美的言籍，中肯地肯定这些共同点。赞同、肯定的语言在交谈中常常会产生异乎寻常的积极作用。当交谈一方适时中肯地确认另一方的观点之后，会使整个交谈气氛变得活跃、和谐起来，陌生的双方从众多差异中开始产生了一致感，进而十分微妙地将心理距离拉近。当对方赞同或肯定己方的意见和观点时，己方应以动作、语言进行反馈交流。这种有来有往的双向交流，易于双方谈话人员感情融洽，从而为达成一致协议奠定良好基础。

五是态度和气、语言得体。交谈时要自然，要充满自信。态度要和气，语言表达要得体。手势不要过多，谈话距离要适当，内容一般不要涉及不愉快的内容。

六是注意语速、语调和音量。交谈中陈述意见要尽量做到平稳中速。在特定的场合下，可以通过改变语速来引起双方的注意，加强表达的效果。一般问题的阐述应使用正常的语调，保持能让对方清晰听见而不引起反感的高低适中的音量。

七是谈话的禁忌。诸如，切忌在公共场合旁若无人地高声谈笑，或我行我素地高谈阔论，应顾及周围人的谈话和思考；切忌喋喋不休地谈论对方一无所知且毫不感兴趣的事情；应避开疾病、死亡、灾祸以及其他不愉快的话题，以免影响情绪和气氛；不要问过于私人的问题，例如询问女性的年龄、是否结婚等，这是很不礼貌的行为；谈话前忌吃洋葱、大蒜等有气味的食品等。

总之，语言既能体现出真善美又能体现假恶丑。为此，大家都应自觉培养文明修养，注重自己的礼貌谈吐，讲究说话的艺术性，遵守语言的规范，掌握语言的使用方法，从而做到语言美，充分发挥语言的作用，这更显示出了语言礼仪在我们生活中的重要性。

礼仪细节彰显一个人的内在素质

个人修养的核心在于律己、在于敬人，而礼仪则是体现律己与敬人的完美行为，并从各个细小的地方反映出一个人的礼仪修养。我们衡量礼仪，往往注意其细节，从细节中可以看到美，从细节中也可以反映差距。

生活细节往往在一定程度上反映出一个人的思想性格和为人处世原则，基本上相当于个人的"名片"。而在职场上，细节是认识、了解一个人的一个重要的途径，常常关乎一个人的前途。

某公司在一次面试过程中，考官事先将面试点弄得一团糟，再将扫帚横放于大门上，然后观察应聘者对此的反应。结果几乎所有的应聘者对此熟视无睹并大方地跨过了横在门上的扫帚，最终只有一个人将扫帚捡起，并将地上的垃圾清扫干净。这样，被录取的幸运儿就是他了，其他的人都被淘汰。道理很简单，就因为这位应聘者是个注重生活细节的人。

这就是一种工作的态度、生活的态度，看不到生活细节的重要性或根本不把它当作一回事的人，对待工作的认真态度与热情是有限的。这样的员工，往往对工作都是敷衍了事的，永远不会站在一个高的角度审视事物，不会在企业与生活中找到适合的立足之地，也不可能在平凡的岗位上创造出最大的价值。因此，优秀职员与平庸员工的最大区别就在于，前者注重生活的细节，后者往往忽略之。面试官要挑选的合适人才，当然是那位注重生活细节的应聘者。

此外，类似的启发性事例还有：小军与小张都是工作勤劳、业绩突出的优秀员工，但是半年后只有小张留下并被提升为部门主管，得到经理赏识，而小军则无声无息地离开了。理由何在？经理最终透露了结果和决定的原因。

原来，小张和小军在工作业绩方面确实平分秋色，而且人缘也不分伯仲，经理要在其中选拔一人实在很为难，但是到了他们的宿舍走走时，却发现凡是没人的时候，小军房间里的灯总是亮着的，电脑也经常是随便地开着的，毫无保密意识；但小张的房间却是熄了灯、锁上门并关好电脑。所以，经过详细的考虑，经理留下小张，淘汰了小军。

生活的细节往往就是这般地举足轻重。一个小小的墨点、细微的疏忽看来也许不值得小题大做，事实上却足以将白纸玷污，印象分大打折扣。那样，即使原本做得挺不错的，也可能因为这小疏忽而导致前功尽弃，得不偿失。俗话说"勿以善小而不为"是对的，不要因为某生活细节的微不足道而不屑一顾，若对待小事也不能认真，那对待大事的态度也很难说了。

小事成就大事，细节成就完美。现如今是一个细节取胜的年代，任何方面要想有所成效，对于细节的处理都必须精益求精。要完善自己的礼仪，就得从各个细节的方面着手，以微见著。

在人际交往中，每个人仪容之中最为他人注意的首推其容貌，因而要表现出良好的礼仪修养，注重自己的仪表仪容修饰是必不可少的。不论穿着的衣料款式、新旧如何，或者是否是名牌，只要能做到端正、妥贴、干净，扣子扣得好、上下熨得齐，能给人以清新、高雅之感，可使别人感到可敬可亲可爱，能成为别人容易接受的人群。反之，如果衬衣领口黑乎乎一圈，衣冠不整，甚至夏天穿着拖鞋去上班，就会给别人留下不修边幅、不懂礼节的坏印象。同时，还要全面认识自己，既要认识自己的外在形象，如外貌、衣着、举止、风度等，又要认识自己的内在素质，如学识、心理、道德、能力等。

精益求精地处理好细节，需要控制自己的情绪。所谓"金无足赤，人无完人"，对某些人的做法感到生气时如果忍不住要发火，请先冷静下来，不要冲动，想想到底是谁错了，错在哪里，可以改变局面吗？在不小心做错事时，比如撞到人，要微笑着说"对不起"，而不是面无表情。受到别人帮助一定要诚心感谢对方，而不是无所谓的样子。不要在公共场所大声喧哗，这点是非常令人讨厌的。

事实上，完善生活细节也就是在完善自我的品格与生活态度。所以，注重个人生活细节，保持好的细节习惯，是让自己表现得更出色，更能得到别人认可的一大关键，将对个人日后的发展有着不可忽视的作用，甚至是必不可少的。

运用微笑礼仪，打开他人心扉

微笑是世界上唯一可以跨越任何沟通障碍的语言。在日常人际交往中，保持一个微笑的表情、谦和的面孔，是表示自己真诚、守礼的重要途径。注重微笑礼仪，用真诚的微笑可以瞬间打开他人的心扉，会即刻缩短与对方的心理距离，为沟通和交往营造出和谐氛围。

在经济学家眼里，微笑是一笔巨大的财富；在心理学家眼里，微笑是最能说服人的心理武器；在服务行业，微笑是服务人员最正宗的脸谱；而在英国诗人雪莱眼里，"微笑，实在是仁爱的象征，快乐的源泉，亲近别人的媒介。有了微笑，人类的感情就沟通了。"毋庸置疑，微笑是打开心扉最好的钥匙。

微笑应当是上翘嘴角，双颊肌肉上抬。当然，微笑不能单纯从动作分解出发，而首先必须有真诚的心态、心地和心境。

微笑表现真挚友善的礼貌态度。它能起到尊重他人、增进友爱、推动沟通、体现热情、愉悦心情的作用。微笑应发自内心，渗透情感，表里如一。不能虚情假意，假模假样，露出机械式笑容。也不能冷笑、傻笑、干笑、苦笑、皮笑肉不笑。自然大方、真实亲切和不加修饰的微笑才具有感染力。

微笑表现自信乐观的良好修养。对自己充满信心，对工作一丝不苟，对别人以诚相待。微笑的表情让人愉快舒心，是施加正面和良性的影响，它告诉对方你是善意的使者，是能信赖、能依靠的对象。在人际交往时，最不该表情冷漠或瞪眼皱眉，这样会导致对方十分难堪，迫使对方尽快结束痛苦的交往过程。

微笑是人际交往的润滑剂，是消除芥蒂、化解矛盾、排遣紧张、缓解压力，慰藉他人、关怀备至，广交朋友、友善待人的有效方式。见面时握手、问候、交换名片以至于交谈都需要微笑。政务人员、商务人员和服务行业人员，以至于全社会人人都需要微笑。

那么，如何训练微笑呢？要做到以下"四要"和"四不要"。

"四要"是：一要口眼鼻眉肌结合，做到真笑。发自内心的微笑，会自然调动人的五官，使眼睛略眯、眉毛上扬、鼻翼张开、脸肌收拢、嘴角上翘。二要神情结合，显出气质。笑的时候要精神饱满、神采奕奕、亲切甜美。三要声情并茂，相辅相成。只有声情并茂，你的热情、诚意才能被人理解，并起到锦上添花的效果。四要与仪表举止的美和谐一致，从外表上形成完美统一的效果。

"四不要"是：一不要缺乏诚意、强装笑脸；二不要露出笑容随即收起；三不要仅为情绪左右而笑；四不要把微笑只留给上级、朋友等少数人。

总之，微笑是一种无声和亲切的语言，是一把可以打开他人心扉的神奇的钥匙。微笑如同一座美丽的木桥，架在彼此心灵的溪流上，因为灿烂的微笑，人们之间不再有距离，人们通过微笑交流着、沟通着。

应酬礼仪，人人离不开的学问

在日常生活中，人们要处理来自各个方面的应酬，在处理这些应酬时，必须遵守一定的礼仪，这就是应酬礼仪。应酬礼仪提倡人们客观、冷静地面对各种人际关系中的误会和矛盾，妥善地处理和解决人际关系中的误会和矛盾，以增强人与人之间的相互协调、相互理解和相互信任，从而为个人的生存和发展营造良好的人际关系网，同时也为社会创造和谐氛围。因此，应酬礼仪是每一个人都离不开的学问。

人一来到世间，便处于各种人际关系之中，包括亲缘关系、地缘关系、业缘关系和友缘关系等。应酬礼仪的这些内容十分丰富，每一位社会成员，都有必要对其认真学习、掌握和应用。

亲缘关系指的是与自己或家庭具有血统、婚姻联系的人相互之间的一种关系。亲缘关系是人类生活中的一种最基本的人际关系，在处理亲缘关系时，需要孝敬长辈、厚待同辈和爱护晚辈，即做到三者并重。

孝敬长辈通常具有两个方面的含义：一方面，要求晚辈要敬重长辈；另一方面，也同时要求晚辈要孝顺长辈、孝敬长辈，并不只是见诸言辞，更重要的是要见诸行动。厚待同辈，不仅要具有真心实意，而且也要讲究方式方法。爱护晚辈是对于晚辈的提携与帮助，如悉心培养、严格管教等。

地缘关系指的是人们因为地理条件和空间条件而建立的相互联系与交往关系。与人们的其他关系相比，地缘关系的特点有两个：一是因其活动的地理条件、空间范围相同，所以有可能经常见面，而且不得不进行种种接触；二是具有地缘关系的人由于日常接触的机会甚多，因而彼此容易产生亲近感和依赖感。人们的地缘关系的具体表现是邻里关系和同乡关系。可以说，每个人都难以回避两种地缘关系。

从礼仪方面来讲，处理邻里关系，需要注意相互了解、相互体谅、相互关心三方面的问题。同乡关系是地缘关系中重要的一种，同乡的应酬重在关心对方、帮助对方、鞭策对方和引导对方积极进取。

业缘关系指的是人们为了从事、完成自己的事业而与其他人形成的一种关系。在人们所面临的各种具体关系中，业缘既是人人所必须面对的，同时又是难以自我进行选择的。业缘关系的应酬礼仪涉及诸如师生应酬、同学应酬、职业应酬等。

友缘关系，一般是指人与人彼此之间通过相互交往而产生了深厚的友谊，并且经常保持联络的志同道合者的一种关系。在与朋友交往时，既要维护友谊，也要不失礼仪，这样做不仅是尊重朋友，也是尊重自己。与朋友相处的礼仪以尊重为前提，有来有往，用谦虚的态度接受赞美，讲究信誉。

在现代社会，应酬就是工作，工作就是应酬，为了处理好上述各种关系，每个人都要懂得一些应酬礼仪。在这里，我们罗列了一些成功人士的应酬技巧和策略。当然这只是其中小小的一部分，但这种抛砖引玉之举，相信对你一定有所帮助。

永远没有第二次机会树立第一印象，因此要根据与人见面后的最初几秒或几分钟，展开有效的谈话。只有身体语言传达的信息和说出来的内容相符合时，才可能在第一印象中赢得他人的信任。

出席需要有邀请，不能出席应提前通知，迟到的话要在适当的时间点上通知主人。有多个出席者的场合，主动介绍自己的朋友给其他人，或者主动在认识的朋友之间穿针引线。

受到别人对自己的相貌、事情、人品赞扬时，不要表现出理所当然的样子，也不要假意否认，合适的方式是表示感谢。

学会使用便条，包括借条、请假条、申请信，会让其他人感到你很规范，如果懂得请其他人这样做，未来能更好地与他们有凭有据地与他们打交道。

接近比自己更有钱人的时候要非常小心，其小心程度不亚于围捕非洲角马或者麋鹿。因此初次交往，不妨使用陈词滥调加以恭维。即使不是大人物，用请教的态度与口吻与他们说话，因为人不可貌相，很多良师益友往往来自看似不起眼的人当中。

在吃饭的场合做一个主动点菜者，不适合请主人与主宾点菜，因为那不是尊贵者通常做的事情，但是请注意询问他们的喜好，而不是只管点自己爱吃的东西。

知人不必言尽，留些口德；责人不必苛尽，留些肚量。才能不必傲尽，留些内涵；锋芒不必露尽，留些深敛；有功不必邀尽，留些谦让；得理不必争尽，留些宽容；得宠不必恃尽，留些后路；气势不必倚尽，留些厚道。

总之，应酬得法，将事事如意，生活快乐；应酬不好，则后果堪虞，事不如意。健康正常的应酬礼仪，对于建立、加深这种人际联系，交流信息，沟通感情，都有着其他方式所不可替代的作用。

第八章　中国式沟通不可不知的职场沟通准则

同级别相处，"且行且珍惜"

身在职场，对待同事一定要懂得去珍惜和信任缘分。同级别相处，这里套用一句网络的流行语，叫作"且行且珍惜"。同级，大家都属于各个部门的经理，或者是普通职员一起共事的过程当中，在工作的整个生涯里面，互相依托、互相帮助、互相协同。在这种关系之下，大家其实是一个共同体。我们经常所提到的"团队"，其实就是人与人之间不断磨合、不断沟通、不断互补的一个过程。

在同级别的沟通当中，有时由于我们的文化和心理的原因，造成了不愿意沟通，或者说叫沟通不当。比方"五十步笑百步"、"幸灾乐祸"这种心理，在同级别的朋友当中是大量存在的。比如今天张三迟到了，老总把张三骂了一顿，张三坐在自己的座位上，等会李四又迟到了，比张三来得还晚，结果也被老总痛骂一顿，这样一来，张三的心里都平衡了，感觉他比我来得还晚，

147

在那里暗自窃笑。其实，当李四看到张三在那里偷偷笑，下一次也会用相同的方式、态度来对待张三。长此以往，大家的这种关系就会搞得针锋相对，甚至互相记仇，这个团队的关系就会非常差。

我们看看几个在团队或者同级别沟通当中的一些例子，看看他们是如何相处同级别关系的。最典型的例子，就应该是我们《史记》里面《廉颇蔺相如列传》当中一个大家都学过的、一个非常经典的案例，叫《将相和》。《将相和》在我们今天很多现代企业或企业的同级别相处当中，依然是一个常常被引用的案例。为什么这样讲呢？因为有太多这样的事情出现。

蔺相如本来是一个宦官的舍人，也叫作门客，就是今天的一个门生。他为受人推荐，出使秦国，在这个过程当中有两次彪炳千秋的功绩，一次为"完璧归赵"，另外一次为"渑池之会"。"完璧归赵"和"渑池之会"都让赵国免受了秦国之害这种羞辱，赵王非常的开心，于是就封他为上卿。

在当时，赵国有一位大将叫廉颇，久历战功，年纪已经很大了，打了一辈子仗，也仅仅是位列上卿，这个级别和蔺相如是相同的。那大家现在平级了之后，战功赫赫的廉颇特别不舒服：为什么？我是靠我的努力，打下了很多的城池，立下了汗马功劳，今天才封到这样一个位置。你是什么？一个"空降兵"，原来名不见经传，突然之间就被提到这样一个高位，那当然心里很不爽。于是，廉颇到处扬言："我只要见到他，一定要当众羞辱他。"

当蔺相如知道这件事情后，他的相处之道是尽量回避，不和他见面，避免冲突。其实这就是一种沟通的方法，叫内敛，此时无声胜有声，这是最重要的一个方面。久而久之，以至于蔺相如自己的手下都为其打抱不平，感觉到我们大家都有一样的功劳，位置又一样，何必去怕他？上面有皇帝撑着，有领导在那里做主，有什么大不了的？蔺相如就对自己的手下说："我忍，不是忍廉颇，而是为了国家和睦，是为了我们赵国增强力量。赵国现在面对秦国虎狼之师，但文有我蔺相如，武有他廉颇，赵国的疆土才能安全。如果说缺了一角，赵国就等于砍掉了左膀右臂中的一个，再也不会安宁，而且传出去也让别人小看我们赵国，威严顿失。"蔺相如这些话就叫为了顾全大局，该去避其锋芒，该收敛、该忍让的时候，就一定要去忍让。

同级别关系相处当中，我们不是说你有来言、我有去语；你做初一、我做十五。现代社会当中，有很多的单位做中层干部的，或同级别当中经常是这样子，你今天看不起我，结果某一天又求到我了，我就不愿意搭理，甚至是脚下使绊子，用一点阴谋，这个是非常不合适的。什么叫作团队？团队的每一个人都有优点，每一个人也都有缺点，正确的沟通模式是应该互相和气、互相辅助，这才是最重要的。

接下来看另外一个经典的案例，也是团队合作的经典案例。《西游记》作为"四大名著"之一，很多人都看到里面打得很热闹，其实这是一个牢不可破的、非常成功的、典型的一个团队的案例。

在这个同级别的过程当中，师兄弟三个人其实各有优缺点。他们之所以能够西天取经、功成正果，原因就是互相接纳、互相容纳，偶尔搞搞笑。比如，大师兄孙悟空能力很高，虽然明明知道二师兄猪八戒很懒、很贪，但是在很多时候都是采用容忍加上激励的办法，促使其改正，并没有去挖苦、排斥他以至于互相产生矛盾甚至打起来，或者说脚下使绊子。这师兄弟三人相处比较和睦，虽然偶尔有矛盾，虽然中间也有过一些过节，但是只要在一起，大家成为一个团队，共同去工作。在师傅面前，不管哪一个犯了错误，另外两个都会去求情。大师兄被贬到花果山去了，猪八戒似乎也懂得反省，亲自去请。

在现代企业管理当中，在沟通的这个环节当中也是一样的。如果能够清醒地认识到自己，认识到对方的优势，认识到自己的不足，沟通的时候用谦卑的心去容纳别人的缺点，这个沟通才是正常的。

"四大名著"中另一部作品《三国演义》在今天受到的欢迎程度相对于《西游记》更高，其原因大概就在于，成君忆先生写了一本《水煮三国》，是以企业的管理学为主要内容；易中天先生在《百家讲坛》把三国推向了另外一个高潮，用通俗的版本告诉三国的一些故事。从《三国演义》里面看到的是，三个国家有不同的团队，其中一些团队之间、部属之间的一些争执，最终的结果同样从里面的分析中会得到一些启示。

比如刘氏团队。刘备的团队是以情感为系的团队，这个团队的核心层：刘备、关羽、张飞，他们各有优缺点。刘备，那就是信誉著于天下、比较重仁重义，但是很多时候叫妇人之仁，最起码在没有遇到诸葛亮之前，很多的策略、各个方面的运用都不太得当，颠沛流离、东奔西走。但另外两位兄弟有没有去抱怨？当时并没有君臣之分，三个人结拜为兄弟，属于同级别。这个核心的阶层为什么能够一直保持到最后，其实，和这个有很大的关系。大家共同来分析情况，共患难，才养成了一种这样的千古佳话的一种友谊。比如关羽"千里走单骑"、"过五关斩六将"，依然去投奔他的大哥刘备，这种友谊是非常重要的。如果说，他们认为对方做错了，互相指责、互相埋怨、针锋相对，那这个沟通就进行不了了。

刘氏团队中张飞最典型的一个毛病就是好酒误事，经常会鞭打士卒。刘备和关羽就不断地去提醒，并没有因为这个问题就去抛弃他、责怪他，而是不断地去提醒。当然，张飞最终也没有改变，还因此丧了性命。张飞这个例子也在告诉我们，有些方面我们需要去提醒自己。

刘氏团队的例子说明，同级别沟通，包容、接纳才是最重要的。在同级别沟通的过程当中，更多的是辅助。有一句话叫："人抬人高，人踩人低。"当不断地在踩对方的时候，其实自身身份和素质也就降低了。

同级别沟通需要遵循的一些技巧

有一个这样的故事，在森林中，一只鼹鼠要和狮子打架，向有"森林之王"之称的狮子发起挑战书，对狮子讲："我想跟你打一架。"发了很多次，狮子都不理它。后来，鼹鼠说："你为什么不敢跟我打架，难道打不过我吗？"狮子笑了笑说："我跟你打架，如果打赢了，人家会笑我，说'森林之王'跟一只鼹鼠打架打赢了，有什么好炫耀的；如果我打输了，那你就成功了，对你来说百利而无一害。你打输了很正常，跟狮子都打过架，依然是一种炫耀的资本；打赢了虽然不可能，但对你来说也是一种资本。"

其实，狮子的这个做法就叫顾及自己的身份。很多人把自己比喻成一只狮子，把自己的同事或者同级别的经理比喻成一只鼹鼠。那到底是狮子，还是一只鼹鼠？当搞清楚这种身份之后，在对待工作当中的很多矛盾时，心态端稳了，接下来就知道怎么去做了。

同级别沟通当中，要遵循以下一些技巧。

第一个方面，"欲取之必先予之"。我们首先要懂得更多地给予别人很多的帮助、给予别人很多的资源、给予别人很多的东西，才能够得到对方的认可，未来才会得到对方的帮助。

那么，给予什么呢？要懂得给予别人面子。在同级别的过程当中，如果说我们去抬举一下对方，比方见到一个客户到外面去考察，我们经常会讲："这一位是我们的生产部经理，特别的棒。我们的生产质量各个方面，都是我们李经理抓起来的。没有他，就没有我们工厂的今天。"可以想象，李经理一定开心。反过来，李经理以同样的方式也会讲："我们销售部的张经理过奖了，其实张经理是我们的火车头。如果没有他，我们都得喝西北风。"这个就叫做人抬人高，只要给足对方的面子，对方就会给足自己面子。

所以说，互相抬举、给足对方面子，就是尊重对方。给面子的话语，大家都爱听，这种沟通就是没有间隙的，大家都能够接受的。

第二个方面，叫作"给资源"。什么叫给资源？中国人喜欢"临时抱佛脚"，或者用另外一句话来讲叫"临阵磨枪，不亮也光"。当需要别人的时候才去送礼、请客，找别人说好话，往往事半功倍。其实，在同级别相处的过程当中，应该把自己的资源尽可能地分享，在这个时代，分享才是最重要的。

事实上，想让别人怎么对待自己，自己就应该怎么对待别人，这叫作沟通的黄金法则。所以说，"给予"是很重要的一个方面，就是给足别人的资源。但在现实中，很多人不愿意给予。比如公司的装修、部门的搬运，但是你懒得去管，事不关己，高高挂起。然而当你需要别人帮助的时候，需要与各部门的人员沟通，或许别人想起自己的所作所为，会以相同的态度对你。

沟通不仅只是语言的沟通，其实良好的沟通与人的品德和行为都是有直接关系的，这是非常重要的一个方面。有没有给过别人什么帮助，对别人的态度，平常积累这种感情，在我们日常的沟通当中会立竿见影。心态放平，整个沟通就会平稳地进行，这才是关键。

第三个方面，是"给关怀"。人是感性动物，相互之间来往次数提高、感情逐渐加深，人与人之间距离拉近了，接下来的沟通就容易了。沟通永远是建立在感情的基础之上，没有感情的沟通，是干涩的、生硬的，有感情的沟通是不一样的。

很多时候逢年过节，发信息、发微信送祝福，其实这是一个填补感情的重要的时间节点，当然，不仅仅是在节假日给对方问候，平日里也要多多关注，为以后良好的沟通做铺垫，多与朋友、同事在一起聊一聊，增加一些感情。当这种感情不断在递增的时候，接下来的沟通就变得顺理成章，如鱼得水。

《三国演义》里的曹操不妨叫作"国企"，挟天子以令诸侯。刘备相当于如今的民企，三五杆枪，而且颠沛流离，居无定所。可关羽为什么"千里走单骑"、"过五关斩六将"，一定要回到民企里去，而曹操的"国企"高聘副总经理的位置不干？原因非常简单，所谓"功夫在诗外"。平常的关怀曹操也给过，但他所谓的关怀是赤兔马、锦袍、黄金，而刘备给的是关怀。这个问题是值得注意的。

刘备跟关羽、张飞当初没有君臣之礼，是兄弟感情。他们的相处是食则同席，居则同所，出则同行。这种感情的培养非常重要，虽然吃得很简单，比不上曹操的锦衣玉食，但吃得很开心，这就叫给关怀。相比之下，曹操虽然也给关怀，但这种关怀中上下级的级别非常明确，曹操觉得自己是丞相，最重要的是一个字"赐"，赐袍、赐马。这个"赐"字大有学问，是上级对下级的赐予，而且非常严格。正因为如此，最后还是留不住关羽的心。由此可见，真正能留住心的是情分，是来往的频率高一些，是要多给对方一些关怀，这个才是关键和重要的。

第四个方面，叫作"给功劳"，要懂得分工。有些人可能认为某件事情确确实实是自己一个人做的。但之所以做成功是因为有师傅教，并且利用了公司的资源，比如用车、办公室的人员负责接待等，可见这不是一个人的事儿，不是独立的。没有各个部门的配合，什么都完不成。

无论是党政机关还是企事业单位，在年终总结时这样报告：在某某领导下、在某某支持下、在某某配合下，在大家的全力以赴工作的情况下，我们今天取得了什么样的成绩。很多人认为这是中国文化的诟病，外国人听完此发言却不懂，这其实是我们的一种文化，有谦卑的成分在里面。即使这件事情别人给予很小的帮助，但别人的帮助毕竟也有一份功劳，懂得这样去说，其实别人也会认为你是最主要的，这个方面你做得更好。正所谓"心知肚明"，中国式的沟通其实就是心知肚明。

第五个方面，叫作"合群最重要"。一个人不要特立独行，不要把自己孤立起来。这就需要培养与大家相同的爱好。只有同流，才能交流。

总之，同级别沟通，给面子、给关怀、给资源、给功劳，还要合群。多关心别人、多辅助别人、多给别人面子、多给别人尊重、多懂得去分工揽责，那么同级沟通就会变得更好。

和上级沟通，要尊重和服从领导

在工作当中，如何与领导处好关系，是非常重要的一个环节。那么，我们在和上级沟通的时候，要注意哪些问题呢？这里要告诉大家的是：不能够挑战领导的权威，比如不和领导争功，不和领导敌对，不要去揣摩领导的心理。

第一点就是不和领导争功。在正常的上下级关系相处的过程中，其实领导更多的应该把功劳分给自己的下属。而在下属对待上级这方面，也应懂得应该把更多的功劳推给领导，这才是上下级相处的正常模式。如果下级总是在领导面前表现出这件事情是自己做的并且有很大的功劳，领导就感觉不太开心，或者说觉得你这个人比较难管理。

很多的事情我们得承认，做了具体的工作，我们的功劳会更大，但还是应该在重要的场合把功劳推给领导。所谓"人抬人高"，只要懂得抬高领导，领导很开心并且也明白这个事情是你做的，接下来的相处或者沟通就会变得非常融洽。

第二点就是不和领导敌对。领导是一个团队的"领头羊"，对任何一个事情都有决策的权力。那么，只有这种决策和正确的领导，才可能完成任务。所以说，领导的功劳还是最大的。如果懂得这个道理，就知道怎样去说话，因此沟通也就没问题了；如果处处总是去争自己的功劳，表现自己，领导就会觉得你锋芒毕露，甚至感觉会危机他的领导权力，这时沟通就不会顺畅了。

在中国乃至全世界想在一个组织中生存就要遵循这样一句话"领导永远是对的。"如果领导真的错了，也要在恰当的时间、恰当的地点，私下里和领导沟通。劝谏领导一般都是在私下的场合进行，而不是分庭抗礼、明着去对抗，这是非常不恰当的一种行为。

与领导相处有一点要明白：领导永远有值得学习的地方，总有一些优势是胜过下属的。否则，他不会成为领导的。由于历史时代、社会经验等方面的原因，领导对某些事情的做法、想法和我们是不太一样的。而现实中很多人一定要争论出结果。在这个世界上，没有绝对的对和错，即使争论出结果，输的还是自己！

正确的做法是用另外一种正确的方法来证明自己是对的，就是用自己正确的方法去做。当结果出来之后，会发觉领导其实也很开明，他们也会主动采纳下属提出新的方式来做事情。这样一来，问题就解决了。这就叫作"正确沟通的方式"。这要比当众争执，让领导下不来台更明智。很多领导注重的是自己的权威，我们要在这方面做足功课。

第三点就是不要轻易去揣摩领导的意图。揣摩领导的心思、意图，甚至根据自己的揣摩去做事情，这个是非常荒谬的。

《三国演义》里面有一个人物叫杨修，死得很不心甘，很多人也为之惋惜。杨修很有才华，用现在的话说是"智商很高"，那为什么落得这样一个结局呢？这和他的行为处事和不善沟通有莫大的关系。曹操在自己的后花园建了一扇门，当工匠完成之后，曹操去后园看的时候，一个字都没有说，提起笔来在门上写了一个"活"字，就走了。下属百思不得其解，正巧杨修走过来，然后就命令大家说："这个门太宽了，把门改窄一点。丞相的意思就是这样。"大家追问原因，杨修说："门里面加一个活，这个字念阔。意思很明显，门做得太宽了，只要把它改窄一点，丞相就开心了。"工匠就按照杨修的意思，把门改窄了一些。完工之后，曹操有一天游园一看门变窄了，然后就问下属是什么原因啊？大家就告诉他说："这是杨修告诉我们说，丞相的意思，'门'里加'活'念'阔'，门太宽了，改窄一点就是您的心意。"曹操表面上大加赞赏，内心实为不悦。

有一次，西凉刺史马腾进贡一盒点心给曹操吃。点心非常好吃，很可口，曹操爱不释手、诗意大发，于是提笔在盒子上面就写了三个字"一合酥"。结果，杨修过后便与大家分享，说这是丞相的意思。过了几天曹操想吃，一看盒子空了，大怒，问手下这是怎么回事，下属说："这是杨主簿的意思，他告诉大家说是丞相的旨意。"曹操把杨修叫过来问怎么回事，杨修说："丞相有命，不得不从。"过去的书法是竖体的，"一合酥"，拆开一人一口、一人吃一调羹，因此把它吃了。曹操没办法，拍拍他的肩膀笑了笑，但心里很恼怒，更加不喜欢杨修了。

从上述事件中我们发现：杨修喜欢揣摩曹操的心思，而且每次都猜对了，但最后为何被杀？比如曹操"门"内加"活"字意思是"阔"，假设杨修没有猜出来，工匠依旧疑惑不解，会去问曹丞相其意义，丞相会告诉大家他的意思，这时众人都会连连称赞曹操的博学。而曹操也在属下中树立了威信并依旧保持神秘感。然而杨修每次能猜透曹操的心思，虽然得到众人的称赞，但曹操对他心怀敌意。

历史上的无数事实证明，不要揣摩领导的意图。当把领导看得很透的时候，也就处于危险的边缘。任何一个人都不希望被别人看得很透，被揣测内心真实的意思，这是人的本性。正所谓"水至清则无鱼，人至察则无徒"，没有必要把别人看得那么透，有的时候需要在沟通中注重话外音，要懂得内敛，这样才能够沟通好。

对待领导，还有一个非常重要的方面，要懂得去赞美和激励领导。当领导花尽自己的心思，设计一个良好的方案，指挥大家行动，打了一场漂亮的战役；或者做了一个非常好的销售计划，大家这次完成得非常棒。领导自然希望自己的才能被肯定。这时，谁去讲这样的话，谁的沟通就会更顺畅，领导就更加喜欢谁。我们都希望自己的劳动获得别人的认同和肯定，这是人之常情，领导也不例外。

鼓励领导、激励上司、赞美上司，这是很重要的。溜须拍马和赞美，不是一个层面上意思。赞美是发自内的对于别人好的事情、事迹表示一种肯定的表达；而溜须拍马则是有目的的、故意去夸张、虚构某些事情的一种表达方式。只要心是真诚的，讲的事情是有原则、有把握、有一定度量，就是真正的赞美，这种赞美人人都爱听，领导也不脱俗。同时，也在给自己接下来的沟通，包括部门之间的和谐，在铺就一条成功之道。懂得去赞美和激励上级这样的中层干部，在接下去的过程当中，自然也会懂得去激励下属、赞美下属，这个沟通就会变得非常的顺畅，和领导的关系处得比较好。那么，我们接下来的执行和领导也都会变得顺理成章。

该用什么样的方式去和领导相处

应该用什么样的方式和领导相处，才会赢得领导的赏识，才会相处得更加妥当？有哪些合适、合理的方法？

和领导相处，我们要懂得和领导同步。同步的意思是说，要不断加强学习，不断完善拓展知识、增加技术、增加社会经验和能力，要达到领导的高度。同一个层次，大家在相处的过程中说很多话，才会有一定的吸引力，才能产生共鸣。现实中有很多基层和中层的干部与上级领导差别不是一个层次，会存在几个层次，这样的话，沟通怎么谈得来？

台湾著名的教授余世维曾经讲过："一个基中层干部，经常经过几年之后，自己依然在一二楼徘徊。而我们的领导由于视野比较宽，经常参加一些学习培训，有先进的经验，他们的思想和境界已经爬到五十楼了，你依然在一二楼徘徊。"这种沟通显然是不合拍的。所以，基中层干部始终不要忘记自己的学习，不要忘记自己的提升，才能够跟领导同步，沟通才会变得更加顺畅。

大家在提升自己能力的同时，还要去了解领导的一些生活习惯和工作习惯。在一个团队当中，与上级保持一致是很重要的。但如果一个领导带领着十个基层或中层干部，每一个人都有不同的工作方式，哪怕这十种工作的方式都是正确的。在这种情况下，领导该何去何从？他去使用什么样的方式来带领大家？因此，我们要更多地懂得适应领导的工作模式，信任领导的工作习惯，而不是让领导被动地来适应我们。这是沟通之道，也是管理之道。

了解领导的生活习惯，甚至于和领导有的时候保持在一定的爱好的相同度，在我们正常沟通的过程当中是非常必要的。大家可以在这个方面多一些想象，多一些自己的社会实践。这是非常关键的。

如何去向领导提出一些建议

和领导相处，如何去向领导提一些建议？这在与领导沟通相处的过程当中是最难的。这是因为，我们有不同的领导，就应该有不同的沟通的模式，有的领导能够做到从善如流，这是我们的福气，跟这样的领导相处、沟通，都会变得非常顺畅，这样的领导没有什么架子，做事情特别喜欢听下面讲话，喜欢听从下面的意见，这是一个领导的境界。但是，如果领导听不进别人的话，或者说做事比较固执，那又该怎么做呢？和这样的领导沟通，就应该讲究方式方法了。比如领导不采纳下属提出的建议，那就记住前面说的"领导永远是对的"。如果他讲方法、想落实的计划不如下属提出的好，遇到这种情况，能够做到"以情感人"，问题就会得到解决。

所谓"情"，意思是说和领导只要有感情，就会耐心地听对方讲话，这时把自己的方式方法讲透彻。在有情的状况下，这是一种礼仪。要把"理"说得更清楚，而不是我们把理讲得很清楚却忽略了情的情分，那领导就不一定听得进去。

在"情"这方面，一定要注重时间和地点的选择，时间不要在很多人形成的信息特别多干扰的情况下；在地点的选择上，不一定是选在办公室这样的地点。因为办公室是谈公事的地方，在这里，领导的权威、地位等很多的因素，都会干扰到实际沟通效果。

　　如果第一次沟通不成功，领导拒绝改变，就不要再在原来沟通的模式上去重复劝说，改一种方式可能会更好。通过一些间接的、旁敲侧击的、故事转化的模式，对有效沟通是很重要的。

　　《战国策》中有一篇文章叫《触龙说赵太后》，主题思想是说沟通有很多模式，对待不同的人有不同的方法。其实，语言是一种表达艺术，我们注重如何突破自己，最后让自己形成有效的沟通方式。比如，直截了当的方式说服不了，就用间接的方式；间接不行，通过第三人的方式；如果整体讲出来不能够接受，就考虑在整体里面其中哪一个方面对方可以接受，用一个点去击破整个局面等。如果这些都行不通，就要靠自己默默地去做，用行动取得的效果去说服上级。这就是说，有效的沟通方式的选择，需要认真分析，然后找到一个容易突破的方式让对方去接受。

　　每一个中层干部，每一个员工，对待领导的沟通一次不行，就多次沟通，要和领导保持这种常沟通、常联系的状态，遇到任何事情要懂得及时汇报，及时向领导反馈事情的结果。无论是对于领导的正确性，还是和领导沟通的这种和谐度和密度，都是至关重要的。

第九章　中国式沟通的高超技巧与活学活用

激将法——化被动沟通为主动表达

人是感性动物，所以在沟通过程中，必须想方设法调动感情的力量来激发人的积极性，调动其热情和干劲儿。而激将法就是通过隐藏的各种手段，让对方进入激动状态，然后无意识中受到操纵，从而实现化被动沟通为主动表达的目的。

激将法的基本道理是让对方的好胜之心一跃而起。据此，一般采取以下三种方式：一是故意贬低对方，挑起好胜之心；二是吹胡子瞪眼睛，敲桌子点鼻子，惹人发怒；三是冷冷冰冰，或佯装不信，使人吐露真言。运用激将法，看忍功耐心，谁更冷静，看谁扮演得更天衣无缝，使对方察觉不到自己的真实意图。

施用激将法，除了要考虑对方身份以外，还要注意观察对方的性格。一般来说，一个人的性格特点往往通过自身的言谈举止、表情等流露出来：快言快语、举止简捷、眼神锋利、情绪易冲动的人，往往是性格急躁的人；而直率热情，活泼好动、反应迅速、喜欢交往的人，往往是性格开朗的人；可表情细腻，眼神稳定，说话慢条斯理，举止注意分寸的人，却往往是性格稳重的人；如果是安静、抑郁、不苟言笑，喜欢独处，不善交往的人，往往是性格孤僻的人；口出大言，自吹自擂，好为人师的人，往往是骄傲自负的人；那些懂礼貌、讲信义，实事求是、心平气和，尊重别人的人，往往是谦虚谨慎的人。

对于这些不同性格的对话对象，一定要具体分析，区别对待。比如对待傲气十足的人，如果他把面子看得很重而讲究分寸，不妨从正面恭维入手，让他飘飘然，因为虚荣而顺从他的意图，这种类型的人只要说他长得很高，他便会跳起脚给你看。

激将法中的"激"，确切地说，就是要从道义的角度去激对方，让对方感到不再是愿不愿意去干，而是应该、必须去干。以"义"激之的方法在中国更为有效，因为传统道德文化中有一个重要的方面，就是重视人的品德修养，讲求道义、气节，对于义，每个人都有自己的衡量标准，在每个人的心中都有一面旗竖在属于做人道德的领地。激之以道义，恰恰就是去触及对方的内心深处，让他认为对方求助的实质是道义的行为。

比如，通过故意贬低对方，看不起他，说他不行等，借以激起对方求胜之心，也能使其超水平发挥自己的能力，从而达到我们的目的。

再如，利用逆反心理，这种逆反心理的应用，也是一种好的激将法，对于有些人，在某种事情上，禁止他做，他便会禁不住去做，尤其是倔犟的人更会如此；反之，放手不管，对方反而不愿服从，或者起了怀疑，结果就不去干了，懂的这个道理，便会在很多场合操纵人心，易如反掌。

激将法也常被用于探测别人的意图与态度，关键之处在于，对于别人高深莫测的只言片语，要佯装不屑一顾，暗中揣测对方的心底，并点点滴滴将秘密引到他们的舌端，对方一旦发烧，便会不顾一切地吐而后快，最后落入你精心巧设之网。这个技巧可用于日常交谈中，对方打开话匣子时，佯装怀疑，表示不相信，是如愿以偿地满足好奇心的万能钥匙。

迂回法——照直说不如拐弯说

与人交往中，要选择用哪种方法和人沟通，绝对要视当时的情况而定。说话高手并不是指那些会说很多好听的话，使用许多华丽辞藻的人。能够使对方听懂你的意思，就是说话高手。很多时候，照直说不如拐弯说，因此常常需要运用迂回法。

为什么要运用迂回法呢？这是因为，人们的秉性、脾气各有不同，对于脾气暴躁，或固执己见，或正处于情绪不佳时期的人，进行正面的、直接的沟通，往往会遇到抵触，不能顺利进行。这时，应该采取灵活的态度，暂时回避敏感的问题，而应设法先转移其注意力，使其稳定情绪，松弛神经，然后再迂回到本质问题上进行沟通。这种迂回、绕取的方法是在坚持一定原则的前提下，给沟通对象留下较大的余地，从旁启发，促使其自我反省，认识问题，逐步走上正确的轨道。

战国时期，楚国的楚襄王熊横整日不思进取，只求个人享乐，不理朝政，不断割地赔款，而且听信小人谗言，结果接连被秦国攻城略地，江山社稷岌岌可危。但软弱的楚襄王并没有奋起反抗，却一味地隐忍退让，期待秦国人会良心发现，适可而止。

楚襄王的这种做法，让很多关心国家安危的大臣们十分着急，大臣们纷纷进谏，但楚襄王一个也不理。很多人屡次进谏都没能获得成功，反而遭到楚襄王的反感，说他们多言滋事，危言耸听。

在当时，朝中有一位名叫庄辛的大臣，足智多谋，他见国家日渐衰亡，看在眼里，急在心上，又见众人劝说无效，就亲自去找楚襄王。

楚襄王正在花园赏花，见庄辛到来，知道又是来劝谏的。楚襄王打定主意，无论庄辛说什么，自己都当作耳旁风。所以等庄辛来到他身旁时，他只瞄了庄辛一眼，一言不发。

庄辛明白自己若是直接劝说，肯定会与群臣一样无功而返，楚襄王是听不进去的，只有另辟蹊径，才能进谏成功。

这时，恰有一只蜻蜓飞来，庄辛的脑海里马上闪过一个念头，他说："大王，您看见那只蜻蜓了吗？"

楚襄王一听，觉得有趣，便说："看见了，有什么特别吗？"

庄辛继续说："它活得多舒服呀！吃了蚊子，喝了露水，停在树枝上休息，自以为与世无争，世人不会对它怎样，但它哪里知道，树下正有个小孩拿了黏竿等着它呢！顷刻之间，它就会坠于地下，被蚂蚁所食。"

楚襄王听了，面露凄然之色。

庄辛又说："您看到那只黄雀了吧？它跳跃在树枝上，吃野果，喝溪水，自以为与世无争，世人不会对它怎样，但它哪里知道，树下正有个童子，拿着弹弓对准了它。顷刻之间，它就会坠下树来，落在童子手中。"

楚襄王听了，开始面存惧色。

庄辛又说："这些小东西不说了，再说那鸿鹄吧！它展大翅，渡江海，过大沼，凌清风，追白云，自以为与世无争，世人不会对它怎样，但它哪里知道，下边正有个射手搭弓上箭，已瞄准了它，顷刻之间，它就要坠下地来，成了人间美味呢！"

楚襄王听了，惊起了一身鸡皮疙瘩。

庄辛又说："禽鸟的事不足论，再说一下蔡灵侯吧。蔡灵侯左手抱姬，右手挽妾，南游高陂，北游巫山，自以为与世无争，别人不会对他怎样，哪知子揽已奉了楚宣王的命令，前去征讨他而夺其地了，顷刻之间，蔡灵侯将死无葬身之地。"

楚襄王听了，吓得手脚抖动起来。

庄辛又说："蔡灵侯的事远了，咱说眼前吧。大王您左有州侯，右有夏侯，群小包围，日夜欢娱，自以为与别人无争，会得到别人的容忍，哪知秦国的穰侯已得了秦王之令，正率重兵向我国进发呢！"

听了庄辛的陈述，楚襄王的脸色一点点变白，浑身发抖，他决心痛改前非，重振国威。

庄辛的进谏忠心可嘉，楚襄王为此奖赏了他；庄辛又因劝君有方，被加封为阳陵君。自此，楚襄王励精图治，与秦人一争高下。

其实，庄辛要说的话，和其他臣子一样，都是要劝楚襄王振作起来，但别人的话楚襄王听不进去，庄辛的话却让楚襄王吓得全身发抖。为什么呢？只因为庄辛在沟通中采用了迂回战术。

庄辛抓住了两个关键点：一是把国家的生死和楚襄王的生死利害关系连在一起；二是用画面和实例来吓楚襄王，让楚襄王听了这些话就想到具体画面。当他想到其他人如蔡灵侯的真实下场时，自然就会想到自己的下场。

有效沟通靠的是头脑而不是口才，所以在不宜进行直接沟通时，应该采取迂回的战术，这样才能出奇制胜。

情理法——动之以情，晓之以理

情理法作为一种沟通方法，是人际交往过程中建立良好互动关系的有效方法之一。情理法中的"情"，是人对事物体验之后产生的心理反应，是产生沟通的本源动力；情理法中的"理"，是传统文化影响下所形成的中庸之道和中庸之德，是一种沟通风格和境界。情理法以情为基，以理为本，强调动之以情，晓之以理，用情和理打动人，并将人的情感往正向调动，从而产生人际间的良性互动，达到有效沟通的目的。

一个人生活在世上，除了衣食住行等必不可少的物质需求，还有更为重要的情感需求。人的情感需求只有在人与人之间相互交往、沟通中得以满足。人生离不开情感，情感又离不开沟通，而沟通时能否情动于衷而形于言、做到情理相融，是决定沟通效果的关键所在。

情理相融就是要动之以情，晓之以理，这是沟通的两个方面，两者有机统一，互相交融，可以使沟通取得良好的效果。为此，必须注意以下几个方面：

首先，要真诚。说话者应该具有真诚的态度，博得听话者的好感，融洽感情，消除隔膜，缩短距离。真诚是说话最有效的营养素。心诚则灵，诚才能以心换心，心心相印。如果你对人持一种不信任态度，说话时必然闪烁其词，或故弄玄虚，或忸怩作态，或夸张失实，或遮遮掩掩，其结果往往会给对方留下浮夸虚假的印象，不利于相互理解和感情上的沟通，使你的说话黯然失色。

当然，我们说话时要坦率真诚，并不等于可以百无禁忌，对别人不愿谈及的事，应该尽量避免提及。正如法国著名作家安德烈·莫洛亚所说："真诚不在于说出自己全部的思想，而在于在表达的时刻，永远表达仅仅自己当时之所想。"

其次，要尊重。尊重是人的一种精神需要。尊重对方能启发对方产生自尊自爱的感情。如果没有架子，平易近人，使对方感到你是他的知己，是他的良师益友，那么你们之间的心理距离将会大大缩短。相反，如果你高高在上，目空一切，自以为高人一等，指手画脚，其效果只会令人不服。因此，要让对方接受你的讲话，就必须尊重对方。

再次，同情和理解。心理学研究表明，人们是有一种偏向于"相信知己"的心理倾向，特别是当一个人处于矛盾之中，或遇到某些困难而又一时无法解决时，非常需要别人的同情和理解。此时此刻，强烈的同情心及满怀深情的言语，将使对方不由自主地打开心扉诉说一切。理解可以激起心灵的火花，产生善良和容忍，产生信任和动力。

最后，摆事实，讲道理。确凿的事理是成功沟通的力量所在，正如俄国著名文学家列夫·托尔斯泰所说："用语言表达出来的真理，是人们生活中的巨大力量。"要使听话者对你的说话内容感兴趣，并且乐意接受，使他们信服，就要充分利用已有材料进行分析说理，"两利相权从其重，两害相权从其轻"，通过摆事实、讲道理，做到以理服人。

要想以理服人，首先要抓住重点，理清思路，这是有效沟通的基本要求，也是说好话的前提。这一点一般来说有三个方面的要求：一是把握中心；二是言之有序；三是连贯一致。其次要言不烦，短小精悍。言简意赅，以少胜多，听话者感兴趣，也便于理解，容易记住。那种与主题无关的废话，言之无物的空话，装腔作势的假话，听话者极为厌烦。

总之，运用动之以情、晓之以理的情理法进行沟通，需要付出真诚，尊重对方，同情人和理解人，在此基础上摆事实、讲道理。只有这样，人与人之间才能真正达到心灵相通，互相满足情感的需求，因而沟通才有意义。

顺势法——紧跟对方的话题说下去

顺势法旨在紧跟对方的话题说下去，并为对方的论点补充说明，借机表明和对方站在同一立场上。在人际交往中，顺势法是博取对方好感、实现有效沟通的技巧之一。

运用顺势法有两个要点：一是要时刻表现出对对方话题的关注和兴趣；二是要找到沟通的契机，借此开启沟通之旅。

对于关注对方话题，要善于借题发挥，引起对方的沟通欲望。举个例子来说，如果对方说"那些小吃简直太棒了"，你就接着问"为什么？"或者问"到哪儿才能尝到这些很棒的小吃？"如果对方说很累，同样的就"累"这个话题发挥下去。

对于寻找沟通的契机，主要看你对各种机会的把握能力。事实上，不是所有的人都是善于沟通的，有的人比较沉默寡言，虽然有交谈的欲望，却不知从何谈起。这就需要你先向对方发出友好信号，激起对方的谈话欲望，由此一起进入交流状态。

小李是个采购员，由于他喜欢与人交往，又常年在外，可以说是朋友满天下。有一次，小李在火车上已经坐了很久了，而且前面还有很长的路程，这时他发现坐在旁边的一位乘客像是一位很有趣的人，就很想同他聊上几句。于是，小李便搭讪道："这真是一段又长又讨厌的旅程，你有没有这种感觉？"

"是的，真讨厌。"那人附和着，而且语调中带有不耐烦的意味。

"如果看看一路上的稻草，就能使人高兴起来。在稻谷收获之前，这一路一定很有趣。"

"唔，唔！"那人含糊地应道。

小李思考了一番后，换了话题，又重新开始："天气真好，真是理想的球赛时节。今年秋季有好几支球队都很出色，你说呢？"

那位乘客挺直了身子，问道："你看某某队会怎么样？"

小李马上回答："某某队会很好，虽然几个老将已经离队，但是几位新人都很不错。"

"你听说过一个叫刘龙的队员吗？"那人急着问。

小李的确听说过这个球员，而且猛然发现此人和刘龙长得特别像，立刻判断刘龙定是此人之子。于是就说："刘龙可是一个强壮有力、有技巧，而且品行很好的青年！某某队如果少了这位球员，恐怕实力会大减。可惜的是，刘龙快退役了，这样一来，以后这个球队如何就很难说了。"

那人听了这番话，便兴高采烈地与小李谈起来。

小李从引起话题开始，到顺着那人的兴趣点聊开去，终于激起了那人的兴趣。特别是小李对那人的儿子的赞誉之词，使那人很自然而又无所顾忌地滔滔不绝了。

这是一次愉快的旅程。一路上，小李总能找到那人感兴趣的话题。找对了，就依原题顺势而下；找得不对，就依据那人的解释再顺水推舟，就这样畅谈了一路。后来，小李和他成了朋友。

总之，根据对方的爱好、专业，找到共同兴趣，尽量聊对方感兴趣的话题，可以使沟通更加顺畅。当然，不要永远跟着别人的话题走，有时也需要发表自己的意见，让别人看到你的内在。

探讨法——尊重他人，对事不对人

探讨的本义是探索和研讨，其内容主要是针对生活和工作中遇到的问题。运用探讨法进行沟通，强调尊重他人，对事不对人，目的是使问题最终得到妥善解决。

探讨的内容是"事"，也就是问题。在生活和工作中，"人"往往是直接责任人，从这个角度看，对事不对人，就是要求针对问题进行沟通，而非针对人进行问责、找茬、抬杠等。因此，不要简单地在自己心中做出某个职能的人有不负责、渎职行为等负面的假设，而是应该尽可能地亲自去做问题分析、调查，再行沟通。古往今来的事实证明，针对问题进行探讨式的沟通，是实现有效沟通的必要途径。

探讨法讲求"尊重他人"。成熟的麦穗，是弯着腰的。成熟的个人，是谦卑、懂得尊重他人的。六祖惠能大师说："若轻慢于人，即有无量无边罪。"被尊重，是一个人最基本的心理需求。真正要解决问题的沟通过程，其前提都是相互尊重。

公元前 521 年春，孔子与他的学生宫敬叔一同前往周朝京都洛阳，向周朝守藏史老子请教"礼制"学识。到达京都的第二天，孔子便徒步前往守藏史府去拜望老子。

老子听说誉满天下的鲁国孔丘前来求教，赶忙整顿衣冠出迎。孔子见大门里出来一位年逾古稀、精神矍铄的老人，料想便是老子，急趋向前，恭恭敬敬地向老子行了弟子礼。

进入大厅后，孔子再拜后方才坐下来。老子问孔子为何事而来，孔子离座回答："我学识浅薄，对古代的'礼制'一无所知，特地向老师您请教。"

老子见孔子这样诚恳，又这样尊重自己，便详细地阐发了自己的见解。孔子受教后又一次拜谢。

孔子回到鲁国后，他的学生们请求他讲解老子的学识。孔子说："老子博古通今，通礼乐之源，明道德之归，确实是我的好老师。"同时还打比方赞扬老子，说老子就像乘风云而上青天的神龙一样，可见他对老子的赞叹与钦佩。

懂得尊重他人，是沟通的前提，是一个人的基本素养。在这个故事中，孔子正是因为对老子表现了充分的尊重，才实现了有效沟通，其结果是老子热心教授，自己受益匪浅。

探讨法讲求"对人不对事"，体现了与人沟通的原则。与他人沟通，不能因为他人某一件事做得不够好，就完全否定这个人。要全面地看待他人，宽以待人。"对人不对事"的沟通原则，正是强调以人为本的理念，倡导理解、关心、帮助他人的做法。

在一家餐厅，厨师长有一次发现厨房脏了，他知道是谁弄的，但是没有直接指责那个人，而是当那人在场时这样说道："谁把这儿弄得这么脏，下次一定注意点，可别影响咱们自己的形象啊！"

厨师长这样说很得体，既保全了那人的面子，同时达到提醒的目的。从此以后，这家餐厅的厨房再也没有发生被弄脏的现象，每次卫生检查都达标，声誉、生意都越来越好。

在现实生活中，做人和做事往往是紧密联系在一起的。而探讨法所强调的"尊重他人"和"对人不对事"都不是孤立的、绝对的，它们共同反映了人们在沟通过程中对做人和做事方法的探索。

和谐法——让沟通在轻松的氛围中进行

有研究发现，在1万个成功企业家的案例中，智慧、专门技术和经验只占成功因素的小部分，而主要因素取决于良好的人际关系与良好的人际沟通效率。

在这些成功企业家中，比尔·盖茨在介绍微软公司发展的秘诀时曾经说，企业的成功之道在于有一种团结拼搏的团队精神，即团结和谐。而铸造团队精神的有效手段便是经常沟通，在管理与被管理者之间，形成相互理解、相互信任、相互尊重、相互支持。

事实证明，常沟通则和谐，常和谐则常收益。沟通是和谐的前提，和谐是沟通的结果。运用和谐法进行沟通，可以让沟通在轻松的氛围中进行，从而在人与人之间搭建相互理解的平台。

常言道："山中树木有高低，十个指头有长短。"所有人，无论处在什么样的环境，从事什么样的工作，都是这个社会的一分子，因个体素质的高低，看待事物、认识问题不可能是一个水准，往往会有人在认识事务、看待问题上出现偏差，或多或少造成影响。认识不统一，则行动不统一，行动不统一，就会失去发展的有利时机。要解决好认识和行为统一最有效的办法，就是运用和谐法经常沟通。

用和谐法沟通，要按照以下五个要点进行：

一是保持良好的心态。人与人交往，心理状态不佳，会形成些许隔膜和屏障，在一定程度上阻碍了交朋结友和适应社会。因此，我们在生活、工作中应注重自身修养，既要克服人际交往中的自卑心理，又要克服交往趋利的心理，更要除掉被称为"人际关系杀手"的冷漠和猜忌心理。

二是学会积极沟通。现代社会人们的生活节奏加快，忙忙碌碌之中往往淡化了心灵的沟通和交往，隔膜往往由此而生。积极主动地与人沟通，往往会拉近与他人的心理距离，甚至能够化"敌"为友，化干戈为玉帛。

三是学会善于倾听他人的意见和感受。倾听就像一股清澈的泉水，能将你的烦恼洗掉；倾听就像一把钥匙，能把你心里的锈锁打开。特别是当别人有意或无意地做了伤害你的事情，多些倾听，多些宽容和理解，或许会冰消雪融。

四是有包容之心。包容就是忘记昨日的是非，就是不计较，就是潇洒，就是忍耐，就是在别人和自己意见不一致时也不要勉强。相信这句名言："宽容是在荆棘丛中长出来的谷粒。"能退一步，天地自然宽。

五是时常反思自己。在与同事、朋友、家人等产生矛盾时，更要首先反思自己。如果能像古人那样"吾日三省其身"，持之以恒，就会很少"错从己出"。

总之，和谐是一个充满爱的世界，爱是沟通的基础，没有爱，沟通就会异化、变质。让沟通在轻松的氛围中进行，需要保持良好的心态，积极沟通，善于倾听，有包容之心，时常反思自己；让沟通在轻松的氛围中进行，就是在充满真诚、充满爱心的爱意融融的氛围中进行沟通。

参考文献

［1］汇智书源. 沟通力：魅力口才与人际交往技巧［M］. 中国铁道出版社，2014.

［2］余世维. 有效沟通［M］. 北京联合出版社，2012.

［3］［美］戴尔·卡内基［M］. 王红星译. 中国华侨出版社，2012.

［4］李维. 委婉说话的艺术［M］. 北京时代华文书局，2015.

［5］姜军. 最受欢迎的沟通方式和技巧［M］. 江西教育出版社，2013.

［6］郑日昌. 沟通心理学［M］. 北京师范大学出版社，2015.

［7］李宏. 沟通礼仪全书［M］. 延边大学出版社，2011.

［8］［美］迈克·贝克特尔. 跟任何人聊得来［M］. 陈芳芳译. 九州出版社，2014.

［9］［美］哈里斯. 沟通分析的理论与实务［M］. 林丹华，周司丽译. 中国轻工业出版社，2013.

后 记

本书完稿之际，电脑继续开着。端起杯子啜一口咖啡，感觉有浓郁的香味持久地留在口中，如同写作思考的余绪萦绕脑海

因本身就处于人多嘴杂的环境下，所以在工作中就不喜欢啰嗦的沟通者。与其"说得多，大家觉得啰嗦"，还不如"说得少，被人视为神秘"。但不管说得多还是说得少，一定要把事情说明白。可往往又不是说得过于明确，因为说得明确，彼此面子上就难堪，所以就选择了说含糊其词的话、说模棱两可的话，话术里叫"圆滑"，是为了既圆了场面，又明了事情。

含蓄是含蓄了，可往往有些人偏偏选择做"装傻充愣"状，顺水推舟般地装不懂，这就让圆场意图难以达成效果。说也不好，不说也不好，这种两难情况随处可见。这就是中国人沟通的特性，是在历史积淀、文化影响下形成的沟通环境和养成的沟通习惯，让沟通在日常的生活与工作中变得尤为重要。

其实，有效沟通，有章可循，有路可鉴。中国古话讲"先做人，再做事"，除了对人的道德品行有约束外，其实就是先通过沟通建立良好的关系。所以现在不管是商界、学界，还是职场、官场及情场，都以有效沟通为第一要务，"先关系，再交易"。还是那句话，要想有效沟通，得按中国式的沟通进行沟通！

　　另外，在这里声明，在本书的写作过程中，借鉴和参考了大量文献和作品，从中得到了很多启示。在此，谨向各位专家、学者表达崇高的敬意！同时，凡被本书选用的材料，我们都将按相关规定向原作者支付稿酬，请见到本书后及时告知信息，我们会在第一时间办理相关事宜。

　　书中或有不足，诚请读者斧正。谢谢！